Philip Lang

Web 2.0 in der modernen Arbeitswelt

Entgrenzung der Arbeit – Kontrolle am Arbeitsplatz

Diplomica Verlag GmbH

Lang, Philip: Web 2.0 in der modernen Arbeitswelt: Entgrenzung der Arbeit – Kontrolle am Arbeitsplatz. Hamburg, Diplomica Verlag GmbH 2013

Buch-ISBN: 978-3-8428-9345-0
PDF-eBook-ISBN: 978-3-8428-4345-5
Druck/Herstellung: Diplomica® Verlag GmbH, Hamburg, 2013

Bibliografische Information der Deutschen Nationalbibliothek:
Die Deutsche Nationalbibliothek verzeichnet diese Publikation in der Deutschen Nationalbibliografie; detaillierte bibliografische Daten sind im Internet über http://dnb.d-nb.de abrufbar.

Das Werk einschließlich aller seiner Teile ist urheberrechtlich geschützt. Jede Verwertung außerhalb der Grenzen des Urheberrechtsgesetzes ist ohne Zustimmung des Verlages unzulässig und strafbar. Dies gilt insbesondere für Vervielfältigungen, Übersetzungen, Mikroverfilmungen und die Einspeicherung und Bearbeitung in elektronischen Systemen.

Die Wiedergabe von Gebrauchsnamen, Handelsnamen, Warenbezeichnungen usw. in diesem Werk berechtigt auch ohne besondere Kennzeichnung nicht zu der Annahme, dass solche Namen im Sinne der Warenzeichen- und Markenschutz-Gesetzgebung als frei zu betrachten wären und daher von jedermann benutzt werden dürften.

Die Informationen in diesem Werk wurden mit Sorgfalt erarbeitet. Dennoch können Fehler nicht vollständig ausgeschlossen werden und die Diplomica Verlag GmbH, die Autoren oder Übersetzer übernehmen keine juristische Verantwortung oder irgendeine Haftung für evtl. verbliebene fehlerhafte Angaben und deren Folgen.

Alle Rechte vorbehalten

© Diplomica Verlag GmbH
Hermannstal 119k, 22119 Hamburg
http://www.diplomica-verlag.de, Hamburg 2013
Printed in Germany

Inhaltsverzeichnis

Abbildungsverzeichnis III
Tabellenverzeichnis IV
1. Einleitung 1
1.1. Zielsetzung 2
1.2. Aufbau der Untersuchung 2
2. Web 2.0 im Überblick 4
2.1. Internetnutzer und Web 2.0 Nutzer 8
2.2. Soziale Netzwerke & Communities 8
2.2.1. Facebook 9
2.2.2. Xing – das professionelle Netzwerk 10
2.2.3. LinkedIn 11
2.3. Wikis 12
2.4. Weblogs 13
2.5. Social Tagging 14
2.6. Media-Sharing mit YouTube 15
2.7. Twitter 16
2.8. Social Media Richtlinien 16
2.9. Social Media Recruitment 21
3. Rechtliche Betrachtung 25
3.1. Regelungen für die Nutzung technischer Betriebsmittel 26
3.1.1. Regelung im Arbeitsvertrag 27
3.1.2. Regelung durch Weisung 27
3.1.3. Mitbestimmung durch den Betriebsrat 28
3.1.4. Regelungen für private Nutzung 29
3.2. Zulässigkeit der Auswertung von Social Media Einträgen und Kontrolle durch den Arbeitgeber 31
4. Auswirkungen auf die moderne Arbeitswelt 35
4.1. Merkmale der modernen Arbeitswelt 37
4.2. Autonomie in der modernen Arbeitswelt 39
4.3. Entgrenzung von Arbeit und Leben 41
4.3.1. Die Entgrenzung von Arbeitszeit 43

4.3.2.	Entgrenzung von Raum	47
4.3.3.	Die Subjektivierung von Arbeit	50
4.4.	Flexible Beschäftigungsformen	51
4.4.1.	Telearbeit	54
4.4.2.	Der Arbeitskraftunternehmer	55
4.5.	Work-Life Balance als Lösungsansatz?	56
5.	Empirische Untersuchung	59
5.1.	Vorstudie	59
5.2.	Forschungsfrage	59
5.3.	Experteninterview	60
5.3.1.	Interviewleitfaden	61
5.3.2.	Aufzeichnung des Interviews	63
5.4.	Zusammenfassung der Interviews	63
5.4.1.	Oberbank- 3 Banken Gruppe	64
5.4.2.	Raiffeisen Landesbank Oberösterreich	67
5.4.3.	BAWAG – PSK	70
5.5.	Auswertung und Interpretation der Ergebnisse	73
6.	Schlussbetrachtung	78
7.	Literaturverzeichnis	81
8.	Abkürzungsverzeichnis	87

Abbildungsverzeichnis

Abbildung 1: Genutzte Web 2.0 Dienste in Unternehmen, in Prozent................................... 6
Abbildung 2: Social Media Richtlinien 18

Tabellenverzeichnis

Tabelle 1: Formen der Steuerung von Arbeit mit erweiterter "Selbstorganisation" 40

Tabelle 2: Anteil unselbständigen Erwerbstätiger mit Turnus-/ Schicht-/ Wechseldiensten an allen unselbständigen Erwerbstätigen, in Prozent 43

Tabelle 3: Verbreitung von Informations- und Kommunikationstechnologien, in Prozent 48

Tabelle 4: Teilzeitquote von 2004 bis 2010, in Prozent 52

Tabelle 5: Selbständige und Mithelfende von 2004 bis 2010, in Prozent 52

Tabelle 6: Merkmale des Arbeitskraftunternehmers 55

Tabelle 7: Social Media Einsatz in den Untersuchungseinheiten 74

Tabelle 8: "Gefällt mir" Angaben der Untersuchungseinheiten 75

1. Einleitung

Die vorliegende Untersuchung soll Aufschluss darüber geben, auf welche Art und Weise das Internet - im speziellen das Web 2.0 - Einfluss auf die moderne Arbeitswelt und die gesellschaftliche Realität nimmt. Die Informationsgesellschaft des 21. Jahrhunderts unterliegt einem ständigen Wandel, in der es für die Gesellschaft immer schwieriger wird mit modernen technischen Entwicklungen Schritt zu halten.

Im Zeitalter der fortschreitenden Informationsgesellschaft wird es für ArbeitnehmerInnen immer bedeutender, aber teilweise auch schon gesellschaftlich vorausgesetzt, Tag und Nacht beziehungsweise 24 Stunden am Tag erreichbar zu sein. Die modernen Kommunikationstechniken des Web 2.0 sind dafür unerlässlich geworden. Damit einhergehend hat sich der Arbeitsalltag in den letzten Jahren verändert und dieser Trend wird sich in Zukunft mit Sicherheit noch verstärken. Die Auswirkungen auf das Berufs- und Familienleben, welche in zunehmenden Maße flexibler werden und in Folge zu einer Entgrenzung der Berufs- und Lebenswelt führen, sind dabei nicht außer Acht zu lassen und werden in dieser Untersuchung näher beleuchtet. Darüber hinaus ist es wichtig, scheinbar positive Seiten, wie die Erweiterung der eigenen Autonomie, aber auch die negativen Seiten, wie etwa die leichtere Möglichkeit zur Kontrolle durch den Arbeitgeber mit Hilfe moderner Kommunikationsmittel aufzuzeigen.

Ebenso ist es für viele Unternehmen mittlerweile undenkbar, aber auch wirtschaftlich unabdingbar geworden nicht in den sozialen Medien des Web 2.0 vertreten zu sein. Einerseits können Unternehmen mittels Plattformen wie Facebook, YouTube, Xing, etc. die gewünschte Zielgruppe durch Werbung treffsicher erreichen, was letztlich, wie auch in aktuellen Tagesthemen oft behandelt, immer wieder die Frage nach dem Schutz der Privatsphäre aufwirft. Andererseits könnten die eben genannten Web 2.0 Medien im Bereich der Human Ressourcen genutzt werden, um beispielsweise JobwerberInnen oder Unternehmen vorab gründlich zu durchleuchten, um dadurch zusätzliche Informationen zu sammeln.

1.1. Zielsetzung

Durch die zunehmende Popularität von Sozialen Netzwerken und Web 2.0 Anwendungen wird eine offene Auseinandersetzung mit dieser Thematik, sowohl für ArbeitnehmerInnen als auch für Arbeitgeber, immer wichtiger. Ein zentraler Aspekt dieser Untersuchung ist die wesentlichsten negativen und positiven Folgen für beide Seiten aufzuzeigen.

Mit Hilfe einer Literaturrecherche und einer anschließenden empirischen Untersuchung soll der Forschungsfrage, welchen Einfluss moderne Kommunikationstechniken auf Unternehmen und ArbeitnehmerInnen haben, nachgegangen werden. Diese Forschungsfrage soll einerseits die Chancen und Risiken des Web 2.0 in der Arbeitswelt aufzeigen und andererseits positive und negative Aspekte dieser Entwicklung, wie die damit einhergehende Entgrenzung der Arbeit und die Erweiterung der eigenen Autonomie, darstellen. Dazu werden neben der theoretischen Vorstudie drei verschiedene Unternehmen des Bankenwesens untersucht. Qualitative Interviews mit den jeweilgen Betriebsräten dieser Unternehmen sollen dabei einen Aufschluss über die aktuelle Situation geben.

1.2. Aufbau der Untersuchung

Der erste Teil der Arbeit soll zur thematischen Einführung einen kurzen Überblick über die populärsten Web 2.0 Dienste geben. Dabei werden die jeweiligen charakteristischen Eigenschaften und Funktionen aufgezeigt und welche Bedeutungen bzw. Anwendungen diese für die moderne Arbeitswelt haben. Darüber hinaus wird die Notwendigkeit von Social Media Richtlinien in Unternehmen dargestellt und Möglichkeiten die Web 2.0 Plattformen für das Personalmanagement und für Jobbewerber bieten. Zur Ausarbeitung dieses Teiles werden hauptsächlich Online- und Literaturrecherchen behilflich sein.

Nachdem die Web 2.0 Dienste hauptsächlich davon leben, dass NutzerInnen private Informationen und Meinungen öffentlich ins Internet stellen, wird sich der zweite Teil der Untersuchung mit der rechtlichen Betrachtung, insbesondere des Arbeitsrechts beschäftigen. Diesbezüglich wird auf die private Internetnutzung im Betrieb und die rechtlichen Möglichkeiten zur Überwachung und Kontrolle der MitarbeiterInnen seitens eines Unternehmens Bezug genommen. Des Weiteren wird aufgezeigt, welche Konsequenzen eine vereinbarungswidrige Nutzung sowohl für Arbeitgeber als auch für ArbeitnehmerInnen nach sich ziehen können. Basierend auf einer ausgeprägten Literaturrecherche und mit Hilfe einer Fachexpertise der Arbeiterkammer Oberösterreich, sollen die erarbeiteten Ergebnisse einen Überblick der momentanen rechtlichen Situation in Österreich geben. Das Thema Datenschutz wird in dieser Untersuchung bewusst nicht behandelt, da dies den Umfang sprengen würde.

Im Hauptteil sollen positive als auch negative Auswirkungen durch den Einsatz von Web 2.0 durch ArbeitnehmerInnen gezeigt werden. Dabei stellen sich die Fragen, wie Betroffene mit der zunehmenden Flexibilität in der Arbeitswelt umgehen, wie sich der Einsatz von modernen Kommunikationsmöglichkeiten auf den Arbeitsalltag auswirkt und inwieweit damit eine Erweiterung der eigenen Autonomie erlebt werden kann. Darüber hinaus werden die immer populärer werdenden flexiblen Beschäftigungsformen aufgezeigt und die Work-Life Balance als möglicher Lösungsansatz diskutiert.

Der vorletzte Teil der Untersuchung stellt die empirische Untersuchung dar, welche in drei oberösterreichischen Banken durchgeführt wurde. Themengebiete dieser Erhebung sind: die Nutzung der Social Media Plattformen, der rechtliche Umgang im Unternehmen mit diesen und welche Arten von flexiblen Beschäftigungsformen in den jeweiligen Betrieben bestehen.

Im abschließenden Teil der Untersuchung werden die wichtigsten Erkenntnisse, in Form einer Zusammenfassung der geführten Interviews, in kurzer Form präsentiert. Basierend auf den gewonnen Resultaten der Literaturrecherche und der empirischen Untersuchung wird ein Resümee über die Auswirkungen und Grenzen der modernen Kommunikationstechniken für ArbeitnehmerInnen aber auch ArbeitgeberInnen gezogen.

2. Web 2.0 im Überblick

Im folgenden Kapitel werden die verschiedensten und beliebtesten Web 2.0 Plattformen, welche auch unter den Begriffen „Mitmach-Web" und „Social Software" bekannt sind, kurz vorgestellt. Dabei wird ein Überblick über die Nutzungsmöglichkeiten und deren charakteristischen Eigenschaften mit Bezugnahme auf die moderne Arbeitswelt gezeigt.

Web 2.0 - ein Begriff, welcher spätestens seit dem Jahr 2005 kaum mehr aus einem Massenmedium und gesellschaftlichen Interaktionen wegzudenken ist. Kennzeichnend für diese noch relativ junge Technologie ist, dass mit Hilfe von bestimmten Internetdiensten den BenutzerInnen eine vereinfachte Steuerungsmöglichkeit geboten wird, um mit anderen NutzerInnen zu kommunizieren und zusammenzuarbeiten. Technisch betrachtet werden dabei bereits vorhandene Standards und Methoden eingesetzt, jedoch beinhalten diese Dienste inhaltlich neue und innovativere Ansätze als bisher.[1]

„Social- Software- Anwendungen unterstützen als Teil eines soziotechnischen Systems menschliche Kommunikation, Interaktion und Zusammenarbeit. Dabei nutzen die Akteure die Potentiale und Beiträge eines Netzwerks von Teilnehmern."[2]

---

[1] Vgl. Tropper, Thomas (2009): Web 2.0: Das „Mitmach-Web" im kommunalen Fokus. In: ÖGZ, 9, S. 22–25.
[2] Back, Andrea/ Gronau, Norbert/ Tochtermann, Klaus (2009): Web 2.0 in der Unternehmenspraxis. München, Oldenbourg Verlag, S. 4.

Geprägt hat den Begriff Web 2.0 Tim O´Reilly durch seinen Ende September 2005 erschienen Artikel „What is Web 2.0".[3] Vorausgegangen war diesem Artikel eine Konferenz im Jahr 2004, die sich mit den Veränderungen des Internets auf Grund der geplatzten dotcom Blase beschäftigte. Die bedeutungsvollsten Eigenschaften von Web 2.0 Anwendungen im Bezug auf diese Arbeit sind:

- Nutzung der kollektiven Intelligenz,
- das Web als Plattform,
- Daten-getriebene Anwendungen,
- Plattform- und Geräteunabhängigkeit,
- umfassende Anwenderfreundlichkeit und Einfachheit.[4]

Die charakteristischste Eigenschaft der Web 2.0 Dienste ist, dass Inhalte von den Nutzern selbst erstellt werden und über die entsprechende Plattform weiteren Nutzern bereitgestellt werden. In diesem Sinne spricht man oft von einem sogenannten „user-generated content" was bedeutet, dass der eigentliche Sinn für diese aktive Einbindung der Nutzer die Erstellung der Inhalte ist und als Folge davon der Aspekt der Zusammenarbeit im Mittelpunkt steht. Für diesen Zweck ist es erforderlich, dass diese Dienste einfach zu bedienen sind und benutzerfreundliche webbasierte Oberflächen bieten, welche leicht und intuitiv verständlich sein sollten.[5]

Neben den typischen und im Alltag meist genutzten sozialen Netzwerken wie Facebook, LinkedIn oder Xing haben in den letzten Jahren auch immer mehr Wikis, wie beispielsweise Wikipedia an Bedeutung gewonnen. Diese dienen hauptsächlich als Informationsquelle, wobei hier im Gegensatz zu den sozialen Netzwerken der Anteil der lesenden Nutzer weit höher ist als jener der Publizierenden. Darüber hinaus erfreuen sich vor allem, wegen dem einfachen Informationsaustausch zwischen den Nutzern, sogenannte Media- Sharing-Dienste, wie YouTube und Flickr, sowohl im privaten als auch im beruflichen Alltag an immer größerer Beliebtheit. Um die verschiedensten Dienste des Web 2.0 zu komplettieren

---

[3]O'Reilly, Tim (2005): What is Web 2.0? URL: http://www.oreilly.de/artikel/web20.html (dl: 08.03.3012).
[4]Vgl. Back, Andrea/ Gronau, Norbert/ Tochtermann, Klaus (2009): Web 2.0 in der Unternehmenspraxis. München, Oldenbourg Verlag, S. 3.
[5]Vgl. Tropper, Thomas (2009): Web 2.0: Das „Mitmach-Web" im kommunalen Fokus. In: ÖGZ, 9, S. 22–25.

sind außerdem die Weblogs, wie etwa WordPress oder Blogger zu erwähnen und der „Echtzeit-Nachrichtendienst" Twitter.[6]

„ Die Zeiten, in denen man einfach mehr verkaufsfördernde Werbung schalten musste, um den Umsatz zu erhöhen, sind lange vorbei. Ob Menschen ein Produkt kaufen, begründet sich auf einem unüberschaubaren Mix aus: Reputation, Empfehlungen von Peer-Groups, persönlichen Erfahrungen, öffentlicher Meinung, Branding und individueller Wahrnehmung. Zudem muss ein Unternehmen heute viele Ziele erreichen, die von Meinungen und Einstellungen anderer Menschen abhängig sind: gute Mitarbeiter bekommen, Finanzierung sicherstellen, […]. Und: Social Media bedeuten eine starke Vernetzung aller Faktoren."[7]

Abbildung 1: Genutzte Web 2.0 Dienste in Unternehmen, in Prozent[8]

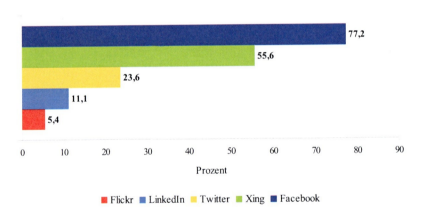

Anhand der im Jahr 2011 präsentierten Umfrage zum Thema Social Media in Unternehmen, welche durch www.margetagent.com im Auftrag der Wirtschaftskammer Österreich durchgeführt wurde, lassen sich die wichtigsten Web 2.0 Anwendungen der Arbeitswelt klar darstellen. Diese Untersuchung, in der insgesamt 487 österreichischen Unternehmen befragt wurden, zeigt deutlich, dass Facebook mit 77,2 Prozent aus der modernen Arbeits-

---

[6]Vgl. Tropper Thomas (2009): Web 2.0: Das „Mitmach-Web" im kommunalen Fokus. In: ÖGZ, 9, S. 22– 25.
[7]Lange, Marko. In: Hilker, Claudia (2010): Social Media für Unternehmen. Wien, Linde Verlag, S. 28.
[8]Eigene Darstellung, Quelle: Marketagent.com (2011): Social Media in Unternehmen. URL: http://www.telefit.at/socialmedia/Kurzversion_Ergebnisbericht_WKO_E-Day_Social_Media_J%C3%A4nner_2011_V2.pdf (dl: 28.03.2012).

welt kaum mehr wegzudenken ist. Das eigens für geschäftliche Kontakte geschaffene Netzwerk Xing spielt mit über 55 Prozent mittlerweile eine beachtliche Rolle. Immerhin 23,6 Prozent der Befragten benutzen Twitter um unternehmensrelevante Nachrichten herauszugeben. Das internationale Pendant zu Xing – LinkedIn kommt auf 11,1 Prozent und der Media Sharing Dienst Flickr auf 5,4 Prozent.

Neben den vier Hauptgruppen, Wikis, Social- Network- Dienste, Blogs und Social Sharing, existieren noch plattformübergreifende Elemente wie RSS (Rich Site Summary). Diese dienen als Querverbindungen zwischen den Plattformen und lassen sich daher nicht einer bestimmten Gruppe zuordnen.[9]

Sinn und Zweck der RSS- Feeds ist, dass NutzerInnen nicht wie gewohnt auf einzelne Webseiten zugreifen müssen um sich die gewollten Informationen zu organisieren sondern, dass hierbei aktuelle Daten und Informationen von den Webseiten abonniert werden und somit individuell gestaltete Informationsnetzwerke erstellt werden können. Weitere wichtige plattformübergreifende Web 2.0 Technologien sind etwa AJAX, Web Services, REST und RDF sowie Portale und Mashups, auf welche aber im Rahmen dieser Untersuchung nicht näher eingegangen wird.[10]

Zusammenfassend sind die Vorteile dieser noch relativ jungen und modernen Kommunikationstechniken, einerseits die schnelle und leichte Erfassbarkeit, andererseits die überwiegende Nutzung von freier Open Source Software, die eine globale Kommunikation der Nutzer ermöglicht und dadurch für Unternehmen und ArbeitnehmerInnen besonders interessant sind. Nachteile der Web 2.0 Dienste sind die länderweise unterschiedlichen Datenschutzbestimmungen, wodurch auch die persönliche Anonymität zumindest teilweise, wenn nicht sogar gänzlich aufgegeben wird und die kaum erfassbare Menge an Informationen für den einzelnen Menschen.

---

[9]Vgl. Ebersbach, Anja/ Glaser, Markus/ Heigl, Richard (2008): Social Web. Konstanz, UVK, S.33.
[10]Vgl. Koch, Michael/ Richter, Alexander (2009): Enterprise 2.0. München, Oldenbourg Verlag, S. 8f.

2.1. Internetnutzer und Web 2.0 Nutzer

Laut der Tageszeitung „Oberösterreichischen Nachrichten" sind bereits 56 Prozent aller Internetnutzer in sozialen Netzwerken aktiv. Des Weiteren ist zu beobachten, dass Web 2.0 Anwendungen auch bei älteren Generationen immer beliebter werden, da mittlerweile schon ein Viertel der Facebook- NutzerInnen über 40 Jahre alt ist.[11]

Darüber hinaus bezeichnet *Huber Stefan*, ein Social Media- Berater von New Business Development, dass Facebook- Sperren in Unternehmen eher kontraproduktiv sind, da etwa ein Drittel aller Social Media- NutzerInnen bereits über mobile Geräte wie Smartphones aktiv ist. Aus diesem Grund ist es wichtig, dass ArbeitnehmerInnen bewusst in den firmeneigenen Auftritt im Web 2.0 mit einbezogen werden, weil dadurch Missbrauch vorgebeugt und sogar die Identifikation mit dem Arbeitgeber gesteigert wird. Voraussetzung dafür ist einen gewissen Handlungsrahmen mit Hilfe einer Social Media- Richtlinie zu schaffen.[12]

2.2. Soziale Netzwerke & Communities

Wesentlichster Unterschied der Wissens- und Informationsgesellschaft, gegenüber der ehemaligen Industriegesellschaft ist, dass durch den stetigen Fortschritt der Informationstechnologien, die Gemeinschaft an sich einem Wandel unterliegt. Schon seit jeher liegt das Verlangen der Menschen nach Gemeinschaft, Zugehörigkeit und sozialer Interaktion in dessen Natur. Durch den Einsatz moderner Kommunikationstechnologien ist es nun möglich, dass Menschen neben dem realen Leben ein völlig differentes virtuelles Leben führen, indem diese soziale Bindungen eingehen, sich mit Gleichgesinnten besprechen und virtuelle Gemeinschaften – *Communities* - bilden. Die moderne Gesellschaft und damit einhergehend die Arbeitswelt erlebt aufgrund des Einsatzes von sozialen Netzwerken einen Wandel in der sozialen Interaktion der Menschen.[13]

---

[11] Vgl. Fröhlich, Stefan (2012): Soziale Netzwerke sind längst nicht nur ein Spielplatz für die Jugend. In: Oberösterreichische Nachrichten, 03.03.2012, Linz 2012.
[12] Vgl. Huber, Peter (2012):. Sozialnetzwerke sind längst nicht nur ein Spielplatz für die Jugend. In: Fröhlich, Stefan (Autor): Oberösterreichische Nachrichten, 03.03.2012, Linz 2012.
[13] Vgl. Back, Andrea/ Gronau, Norbert/ Tochtermann, Klaus (2009): Web 2.0 in der Unternehmenspraxis. München, Oldenbourg Verlag, S. 62f.

„Eine Community besteht als eine Gruppe von Personen, die auf Freiwilligkeit beruhend, zumindest über eine gewisse Zeit ein Thema miteinander teilend, ausgehend von ihrer sozialen Interaktion in Face-to-Face Treffen ein hinreichendes Gemeinschaftsgefühl entwickeln."[14]

Besonders bei den 13 bis 19 -jährigen und den 20 bis 29 -jährigen, welche im sozialen Netzwerk Facebook mit 58 Prozent der insgesamt 2,8 Millionen österreichischen Facebook- NutzerInnen die größte Gruppe ausmacht, scheint die Bedeutung der virtuellen Gemeinschaft die der realen nach und nach zu ersetzen. Welche Auswirkungen dieser soziale Wandel der jungen medienaffinen Gesellschaft auf die Zukunft hat wird sich zeigen. Wobei bedacht werden sollte, dass ein sicherlich stärkeres reales Gemeinschaftsgefühl ein virtuelles wohl kaum ersetzen kann.[15]

2.2.1. Facebook

Hauptaugenmerk bei Facebook ist die Pflege von privaten und beruflichen Kontakten. Bei diesem sozialen Netzwerk können sich alle NutzerInnen ein individuell geschaffenes Profil erstellen und darauf Texte, Fotos und Videos hochladen. Darüber hinaus ist es möglich anderen NutzerInnen private Nachrichten zu hinterlassen und ergänzend dazu mittels eines Instant Messangers in Echtzeit zu kommunizieren. Zusätzlich verfügt jedes Profil über eine Pinnwand, auf der NutzerInnen öffentlich sichtbare Nachrichten hinterlassen können.[16]

Für Unternehmen ist Facebook deshalb interessant, weil mit Hilfe der gratis angebotenen Anwendung unternehmenseigene Fanpages zu erstellen die Möglichkeit besteht, dass sich Facebook- NutzerInnen mittels einem „Gefällt mir" – Button direkt mit dem Unternehmen verbinden und identifizieren können. Vorteile für Unternehmen sind, einerseits die Möglichkeit zur Nutzung eines direkten und kostenlosen Newsstreams, andererseits bietet Facebook eine gute Gelegenheit durch Kommentare und Meinungen der NutzerInnen Markt- und Meinungsforschung zu betreiben. So groß der Vorteil für ein Unternehmen

---

[14] Back, Andrea/ Gronau, Norbert/ Tochtermann, Klaus (2009): Web 2.0 in der Unternehmenspraxis. München, Oldenbourg Verlag, S. 62.
[15] Vgl. Social Media Radar Austria (2012): Facebook. URL: http://socialmediaradar.at/facebook.php (dl: 18.03.2012).
[16] Vgl. Hilker, Claudia (2010): Social Media für Unternehmen. Wien, Linde Verlag, S. 33.

durch kostengünstige, schnelle und visuell interessante Marketing-Aktionen auch scheinen mag, darf dabei nicht außer Acht gelassen werden, dass solche Marketing-Aktionen im Web 2.0 über ein unkontrollierbares Eigenleben verfügen und daher bestens durchdacht und geplant sein sollten.[17]

NutzerInnen dieses sozialen Netzwerks muss jederzeit bewusst sein, dass Facebook eine kommerzielle Webseite ist, welche Daten über alle BenutzInnen sammelt und speichert. Die Tatsache der Datensammlung sorgt vor allem rechtlich immer wieder für Aufsehen und Schlagzeilen in den Medien, weil dadurch der Datenschutz gefährdet ist und die Privatsphäre angegriffen wird.

2.2.2. Xing – das professionelle Netzwerk

Charakteristisch für dieses soziale Netzwerk und vor allem von hohem Nutzen für die Arbeitwelt ist die Möglichkeit mittels Community- Funktionen, die Kontaktseiten und Unternehmenswebseiten kategorisch einzuordnen. Mit der Verwaltung von geschäftlichen Kontakten hat diese Plattform einen weiteren großen Nutzwert für Unternehmen und ArbeitnehmerInnen geschaffen.[18]

Ein großer Vorteil gegenüber anderen sozialen Netzwerken wie Facebook oder MySpace ist, dass auf dieser Plattform ein Profil für Nutzer in Form eines Lebenslaufes bzw. Bewerbungsschreibens erstellt werden kann. Beispielsweise werden hier neben der Ausbildung auch zusätzliche Qualifikationen, Berufserfahrungen, Referenzen und Auszeichnungen angeführt. Diese Plattform bietet des Weiteren die Möglichkeiten nach Jobs bzw. nach KandidatInnen für offene Stellen zu suchen, Unternehmensneuigkeiten zu präsentieren, Kontaktdaten anzuführen und ist deshalb klar für berufliche Zwecke konzipiert.

Darüber hinaus versucht Xing mit Hilfe von Foren, welche zur Bildung von virtuellen Communities innerhalb dieser Plattform führen sollen, die Bindung der NutzerInnen untereinander zu stärken. Dies zielt in weiterer Folge darauf ab, aus einer virtuellen Com-

---

[17]Vgl. Hilker, Claudia (2010): Social Media für Unternehmen. Wien, Linde Verlag, 34f.
[18]Vgl. Tropper Thomas (2009): Web 2.0: Das „Mitmach-Web" im kommunalen Fokus. In: ÖGZ, 9, S. 22–25.

munity heraus, ein Treffen im realen Leben zu ermöglichen. Dadurch unterscheidet sich dieses soziale Netzwerk klar von Anderen und versucht durch diese Anwendungsmöglichkeit auch praktischen Nutzen für die MitgliederInnen im Hinblick auf ihre Karriere zu stiften.[19]

2.2.3. LinkedIn

Eines der neuesten sozialen Netzwerke, welches in Österreich und Deutschland erst seit 2009 auf dem Markt ist, bietet speziell für Unternehmen und ArbeitnehmerInnen besondere Funktionen. Für Unternehmen dient diese Plattform hauptsächlich dazu mit Hilfe eines Business-Profils neue Geschäfts-Kontakte zu gewinnen, über die Reputation des eigenen Unternehmens Informationen zu sammeln und um neue MitarbeiterInnen zu werben. Auch für ArbeitnehmerInnen bietet LinkedIn Vorteile. Auf der einen Seite ist es möglich sich im Vorfeld einer Bewerbung über ein Unternehmen und dessen Reputation zu erkundigen und auf der anderen Seite ein persönliches Profil inklusive Berufserfahrungen und Referenzen zu erstellen. Des Weiteren können über diese Web 2.0 Plattform Stellenangebote aus der ganzen Welt ausgewählt werden. LinkedIn kann als internationales Pendant zum Konkurrenten Xing angesehen werden, da hier überwiegend auf Englisch kommuniziert wird und Xing im deutschsprachigen Raum auch mehr Marktanteil hat.[20]

Ein Vorteil für ArbeitnehmerInnen und Unternehmen welches LinkedIn gegenüber Xing bietet ist die Erstellung von eigenen Firmengruppen. Über diese sogenannten LinkedIn Company Groups lässt sich eine unternehmensinterne Kommunikationsmethode aufbauen. Dabei ist es nur aktuellen ArbeitnehmerInnen eines bestimmten Unternehmens möglich dieser Gruppe beizutreten. Diese Funktion soll die Kommunikation und die Zusammenarbeit fördern, sowie die Möglichkeit bieten interne Angelegenheiten zu besprechen. Dies ist vor allem für Firmen interessant, welche dezentral organisiert sind bzw. weltweit agieren.[21]

---

[19]Vgl. Back, Andrea/ Gronau, Norbert/ Tochtermann, Klaus (2009): Web 2.0 in der Unternehmenspraxis. München, Oldenbourg Verlag, S. 68.
[20]Vgl. Hilker, Claudia (2010): Social Media für Unternehmen. Wien, Linde Verlag, 47ff.
[21]Vgl. Weinberg, Tamar (2010): Social Media Marketing. Köln, O'Reilly Verlag, S.193.

2.3. Wikis

Die grundlegende Idee eines Wikis ist, dass mittels eines Web- basierten Autorenwerkzeuges, eine einfach zu bedienende Datenbank zur Verfügung gestellt wird. Der Begriff „Wiki" stammt ursprünglich aus dem Hawaiianischen und bedeutet „schnell". Das seit dem Jahr 2001 existierende und wohl bekannteste Wiki ist das Wikipedia – Projekt, welches eine freie Onlinebibliothek darstellt und mittlerweile in 79 Sprachen aufrufbar ist.[22]

Ein großer Pluspunkt von Wikis auch im Bezug auf die Arbeitswelt ist, dass diese relativ einfache Software zur Sammlung von verschiedenen Webseiten den NutzerInnen nicht nur zum lesen und abrufen von Informationen dient, sondern darüber hinaus auch noch ermöglicht, dass verschiedene Autoren kollaborativ an Texten zusammenarbeiten können.[23]

Im Trend liegen die Wikis in der Arbeitswelt vor allem beim Projektmanagement, weil dadurch MitarbeiterInnen eines Teams Informationen und Tipps zur Arbeitsorganisation sammeln können, anstatt sich mit unzähligen E-Mails herumzuschlagen, was vor allem Zeit spart und einen immer aktuellen Überblick verschafft. Diese Möglichkeit zur kollaborativen Arbeitsweise, bei denen sich MitarbeiterInnen zunehmend mit dem Projekt identifizieren und Vertrauensverhältnisse entstehen, wird auch oft als Wiki- Effekt bezeichnet. Dennoch ist es von Vorteil mittels sogenannten Wikiquettes, ähnlich einer Netiquette, schon im Vorfeld für gewisse Akzeptanz, Regeln, Sachlichkeit und ein gutes Verhalten unter den MitarbeiterInnen zu sorgen. Beliebte Open- Source- Wikis, welche sich in ihren Eigenheiten jedoch unterscheiden, sind beispielsweise Mediawiki, TWiki, PMWiki und Bitweaver.[24]

---

[22] Vgl. Back, Andrea/ Gronau, Norbert/ Tochtermann, Klaus (2009): Web 2.0 in der Unternehmenspraxis. München, Oldenbourg Verlag, S. 10ff.
[23] Vgl. Hilker, Claudia (2010): Social Media für Unternehmen. Wien, Linde Verlag, S: 196.
[24] Vgl. Ebersbach, Anja/ Glaser, Markus/ Heigl, Richard (2008): Social Web. Konstanz, UVK, S.43ff.

2.4. Weblogs

Der große Vorteil von Weblogs ist die rasche Überschaubarkeit verschiedenster Beiträge auf einer Webseite, wobei die aktuellsten Beiträge immer ganz oben erscheinen. Bei einem Weblog handelt es sich um eine Webseite auf der Inhalte in Form von Videos, Bildern, Texten oder Sounds chronologisch dargestellt werden. Dabei besitzt jeder einzelne Beitrag eine eigene URL und kann von Lesern kommentiert werden. Mittels eines Verweises eines Weblog- Autors auf einen anderen Weblog wird eine automatische Benachrichtigung, Trackback genannt, durchgeführt. Eine zusätzliche Funktion bieten sogenannte Pings, welche neue Einträge automatisch an Blog- Portale melden.[25]

Für den Arbeitsalltag in Unternehmen ist diese Web 2.0 Anwendung deshalb interessant, da mit Hilfe von Weblogs Wissensmanagement und Lerntools installiert werden können, die wissensbasierte Arbeitsprozesse unterstützen. Darüber hinaus wird dadurch ein neues Marketing- und Kommunikationsinstrument bedient, welches Unternehmen ermöglicht ihre Kunden auf eine neue innovative Art und Weise anzusprechen.[26]

Unternehmen können Weblogs auf zwei verschiedenen Ebenen nutzen. Einerseits als externe Unternehmenskommunikation, sogenannten Corporate Blogs oder CEO – Blogs, um einen zusätzlichen Kommunikationskanal zu bedienen. Andererseits wird mittels Weblogs der internen Unternehmenskommunikation, wobei hierfür der Begriff Enterprise 2.0 benutzt wird, der Aufbau bzw. die Erhaltung des Wissensmanagements gefördert. Dabei stellen MitarbeiterInnen ihr gesamteltes implizites Wissen, deren Erfahrungen und Ideen anderen MitarbeiterInnen zur Verfügung.[27]

---

[25] Vgl. Back, Andrea/ Gronau, Norbert/ Tochtermann, Klaus (2009): Web 2.0 in der Unternehmenspraxis. München, Oldenbourg Verlag, S. 17f.
[26] Vgl. Back, Andrea/ Gronau, Norbert/ Tochtermann, Klaus (2009): Web 2.0 in der Unternehmenspraxis. München, Oldenbourg Verlag, S. 19.
[27] Vgl. Back, Andrea/ Gronau, Norbert/ Tochtermann, Klaus (2009): Web 2.0 in der Unternehmenspraxis. München, Oldenbourg Verlag, S. 22f.

2.5. Social Tagging

Unter dem Begriff Social Tagging versteht man eine technische Lösung um arbeitsrelevante Unterlagen wie Verträge, Produktbeschreibungen, Referenzen oder Kundeninformationen gemeinschaftlich zu indexieren. Ziel dabei ist, dem „Informations- Overload" entgegenzuwirken indem die NutzerInnen relevante Objekte mit Metadaten, auch Tags oder Bookmarks genannt, versehen. Dadurch wird das gesammelte Wissen aus dem Internet und dem Unternehmensintranet gefiltert. Anhand der Metadaten, welche mittels Schlagwörtern individuell benannt werden können, werden bei einer Suchabfrage nicht nur die exakten Treffer im Suchergebnis geliefert, sondern auch jene, die zu einem bestimmten Suchbegriff relevant sein könnten.[28]

Für die Arbeitswelt stellt der Einsatz von Social Tags bzw. Social Bookmarks, durch kürzere Recherchezeiten und erhöhte Innovationsfähigkeit, einen hohen Nutzwert dar. In weiterer Folge kann es dadurch zu Kostenreduktionen und einer Minimierung des Zeitaufwandes führen. Besonders vorteilhaft ist, dass bei dieser Anwendung lediglich ein Internetzugang Vorraussetzung ist um ortsunabhängig und medienübergreifend relevante Informationen zu kennzeichnen. Diese Chance zum wechselseitigen Austausch zwischen den MitarbeiterInnen bietet die Möglichkeit, beispielsweise zur Vorbereitung auf ein Meeting einen raschen Überblick zu einem bestimmten Thema zu gewinnen.[29]

Vorsicht ist jedoch dann geboten, wenn gleichzeitig Experten und Laien auf eine gemeinsame Plattform zugreifen. Dies könnte zur Folge haben, dass der größte Vorteil des Social Tagging nämlich die Verwendung des eigenen Vokabulars schnell zum Nachteil wird und die Suche erheblich erschwert. Eine wesentliche Rolle zur erfolgreichen Verwendung dieses Web 2.0 Dienstes spielt die Motivation der MitarbeiterInnen. Soll diese Anwendung nicht nur als Beratungssystem dienen, sondern auch als entscheidungsrelevantes System, müssen sämtliche MitarbeiterInnen entweder einen hohen Grad an Reziprozität, Altruis-

---

[28] Vgl. Back, Andrea/ Gronau, Norbert/ Tochtermann, Klaus (2009): Web 2.0 in der Unternehmenspraxis. München, Oldenbourg Verlag, S. 37.
[29] Vgl. Koch, Michael/ Richter, Alexander (2009): Enterprise 2.0. München, Oldenbourg Verlag, S. 51.

mus oder Reputation mitbringen. Bekanntestes Beispiel dieser Web 2.0 Anwendung ist YouTube.[30]

2.6. Media-Sharing mit YouTube

Getreu der Leitidee der Web 2.0 Dienste - dem „user generated content" - können auf Mediasharing- Plattformen multimediale Inhalte wie Videos oder Fotos hochgeladen werden. Prägnanter Unterschied zu anderen Social Media Diensten ist, dass NutzerInnen dieser Anwendung keine Mitglieder sein müssen und somit der zur Verfügung gestellte Inhalt Millionen von UserInnen frei zugänglich ist.[31]

Für die moderne Arbeitswelt ist YouTube auf zweierlei Weise bedeutsam. Erstens besteht die Möglichkeit multimediale Inhalte wie Webseminare, Grafiken oder Power- Point- Präsentationen online zu stellen und so unternehmensintern zu nutzen. Dieser Prozess wird auch als *Digitel Asset-Optimierung* bezeichnet und hat zum Ziel bei den NutzerInnen einen hohen Grad an Aufmerksamkeit zu schaffen. Zweitens ist es mit dieser modernen Kommunikationstechnik möglich einen großen Kreis von UserInnen zu erreichen. Dies passiert mittels des sogenannten *Contentsharing*, welches NutzerInnen erlaubt den vom Unternehmen hochgeladenen Inhalt in externe Websites einzubetten. Dazu ist es lediglich notwendig den HTML-Code aus YouTube zu kopieren. Wichtig bei der Nutzung dieser Anwendung ist, die Inhalte möglichst spannend und kurzweilig zu gestalten.[32]

Darüber hinaus bietet YouTube den NutzerInnen neben den weltweit über 100 Millionen Videos die Möglichkeit, sich durch Kommentare mit anderen NutzerInnen auszutauschen. Dies ist vor allem für Firmen interessant, da auf diese Weise ein Meinungsbild über das Unternehmen oder das beworbene Produkt gewonnen werden kann. Ein weiterer Dienst von YouTube ist die Platzierung von zielgruppenorientierten Werbebannern.[33]

---

[30]Vgl. Back, Andrea/ Gronau, Norbert/ Tochtermann, Klaus (2009): Web 2.0 in der Unternehmenspraxis. München, Oldenbourg Verlag, S. 41.
[31]Vgl. Zarrella, Dan (2010): Das Social Media Marketing Buch. Köln, O'Reilly Verlag, S.101.
[32]Vgl. Zarrella, Dan (2010): Das Social Media Marketing Buch. Köln, O'Reilly Verlag, S.107ff.
[33]Vgl. Hilker, Claudia (2010): Social Media für Unternehmen. Wien, Linde Verlag, S: 42.

2.7. Twitter

Mit Hilfe von Twitter können UserInnen Kurznachrichten mit maximal 140 Zeichen publizieren. Ein großer Vorteil von diesen sogenannten „Tweets" ist ihre hohe Aktualität und Prägnanz. Technisch gesehen handelt es sich bei dieser Web 2.0 Anwendung um einen Mikroblog, bei der nach der Anmeldung ein persönliches Profil inklusive Kontaktdaten und Biografie erstellt werden kann. Eine wichtige Eigenschaft ist das Prinzip des Follower. Diese Funktion ermöglicht Personen die Tweets abonnierten haben, diese zu lesen und unter anderem auch zu sehen, welche anderen Tweets die Follower interessant finden. Unternehmen können auf diese Art Produktinformationen an ihre Kunden kommunizieren und darüber hinaus Twitter als Marktforschungsinstrument nutzen. Um die Anzahl der Follower zu erhöhen sollten die Tweets einen gewissen Mehrwert besitzen und überzeugen. Die Zahl der Follower kann als Erfolgsindikator gesehen werden kann. Häufig wird Twitter auch von PolitikerInnen als Wahlkampfinstrument genutzt. Beliebteste Twitter-Plattformen für Unternehmen sind unter anderem monitter.com, tweetadder.com oder twitter-feed.com. Ein weiterer Vorteil dieser Anwendung ist, dass Tweets auch mittels SMS mobil versendet werden können.[34]

2.8. Social Media Richtlinien

Im Vergleich zu Wikis herrscht in den Communities der Weblogs eine informelle Informationskultur. Das heißt, dass keine Policies und Regeln bestehen, welche den Umgang der Weblog- NutzerInnen untereinander regeln. Dies hat dazu geführt, dass sich MitarbeiterInnen hauptsächlich in den Vereinigten Staaten von Amerika in privaten Weblogs über unternehmensinterne Inhalte ausgetauscht und auf diffamierende Art dazu Stellung genommen haben. Die Folge waren fristlose Kündigungen und die erstmalige Einführung sogenannter „Blogging Policies" bei Firmen wie IBM und Yahoo.[35]

„Social Media Guidelines klären auf und schaffen bei den Mitarbeitern das notwendige Bewusstsein. Viele Mitarbeiter nutzen Social Web sowohl privat als auch geschäftlich,

---

[34]Vgl. Hilker, Claudia (2010): Social Media für Unternehmen. Wien, Linde Verlag, S: 37f.
[35]Vgl. Back, Andrea/ Gronau, Norbert/ Tochtermann, Klaus (2009): Web 2.0 in der Unternehmenspraxis. München, Oldenbourg Verlag, S. 19ff.

ohne sich über mögliche Folgen bewusst zu sein. Neben Aufklärung über Risiken sollte auch über mögliche rechtliche Folgen aufgeklärt werden."[36]

Am Beispiel der Firma IBM soll überblicksartig gezeigt werden, welche Guidelines bzw. Policies für ArbeitnehmerInnen dieser Firma seit 2005 gelten und zwingend zu befolgen sind, da man bei einer Zuwiderhandlung mit einer fristlosen Entlassung zu rechnen hat:

1. Die Business Conduct Guidelines von IBM müssen bekannt sein und eingehalten werden.
2. Jeder Mitarbeiter ist persönlich verantwortlich für den Inhalt, den er auf sozialen Medien veröffentlicht.
3. Jeder Mitarbeiter soll nicht anonym bleiben: Angabe des vollen Namens und der Funktion bei IBM (wenn angebracht).
4. Wer auf externen Seiten arbeitsrelevante Informationen veröffentlicht, muss einen Disclaimer benutzen.
5. Urheberrechte, Fair Use und Financial Disclosure- Gesetze sind zu beachten.
6. Es muss immer nach der Erlaubnis der Beteiligten gefragt werden, wenn etwas veröffentlicht werden soll.
7. Kunden, Partner oder Zulieferer müssen ebenfalls um Erlaubnis gefragt werden, wenn sie zitiert werden sollen.
8. Keine verletzenden Inhalte (Religion, Politik etc.).
9. Nach Möglichkeit nach anderen Personen suchen, die über ähnliche Themen veröffentlichen und diese zitieren.
10. Wer sich auf externen Seiten als Mitarbeiter von IBM zu erkennen gibt, muss darauf achten, dass sein Profil etc. auch dem Ansehen von IBM dienlich ist.
11. Fehler eingestehen und nachträgliche Änderungen immer deutlich markieren.
12. Wer veröffentlicht, soll darauf bedacht sein, Werte zu generieren- also nur substanzielles zu Diskussionen beitragen.[37]

---

[36]Ulbricht, Carsten. In: Hilker, Claudia (2010): Social Media für Unternehmen. Wien, Linde Verlag, S: 151.
[37]Vgl. IBM (2012): IBM Social Computing Guidelines. URL: http://www.ibm.com/blogs/zz/en/guidelines.html (dl: 19.03.2012).

Diese Spielregeln, welche im Detail noch genauer ausgeführt werden, geben zwar keinen Aufschluss darüber ob der Arbeitgeber, in diesem Fall IBM, seine MitarbeiterInnen aktiv überwacht, schließt dies aber jedenfalls auch nicht aus. Zumindest wird mit einer Art Verhaltenskodex wie diesem sichergestellt, dass das Verhalten der ArbeitnehmerInnen beeinflusst und mit dem Aufzeigen von Grenzen und Regeln somit auch eine indirekte Kontrolle stattfindet.

Eine im Sommer 2010 durchgeführte Studie im Auftrag der „Society for Management and Internet", welche durch das Meinungsforschungsinstitut *checkboxx.com* durchgeführt wurde, befasste sich unter anderem mit den Social Media Richtlinien in österreichischen Unternehmen. Dafür wurden 277 Manager, aus allen Wirtschaftsbereichen zum Thema „Führungskräfte & Wirtschaft im Web 2.0" befragt.[38]

Abbildung 2: Social Media Richtlinien[39]

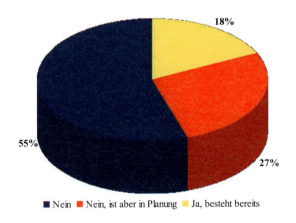

---

[38]Vgl. Türk Marietta (2010): Web 2.0 ändert Arbeit der Führungskräfte schon erheblich. URL: http://derstandard.at/1277337089776/Neue-Studie-Web-20-aendert-Arbeit-der-Fuehrungskraefte-schon-erheblich (dl: 23.03.2012).
[39]Eigene Darstellung. Quelle: Society for Management and Internet (2010): Social Media Richtlinien. URL: http://derstandard.at/1277337089776/Neue-Studie-Web-20-aendert-Arbeit-der-Fuehrungskraefte-schon-erheblich (dl: 23.03.2012).

Wie in dieser Abbildung deutlich veranschaulicht sehen mehr als die Hälfte der befragten Manager keine Notwendigkeit in ihrem Unternehmen Social Media Richtlinien einzuführen. Dagegen haben bisher immerhin 18 Prozent der Befragten Guidelines erlassen und weitere 27 Prozent planen dies in naher Zukunft nachzuholen. In Anbetracht dessen, dass das Internet mitsamt seinen Anwendungen zukünftig in der Arbeitswelt eine noch größere Bedeutung erlangen wird, sollte sich jedes Unternehmen zumindest mit der Frage beschäftigen, ob Social Media Richtlinien sinnvoll sind oder nicht. Die Debatte über die Dienlichkeit solcher Guidelines ist eine kontroverse, da einerseits die Aufmerksamkeit der MitarbeiterInnen über Konsequenzen ihres Handelns gesteigert wird, was positiv zu bewerten ist, anderseits kann solch ein Verhaltenskodex auch Tür und Tor für eine Kontrolle durch den Arbeitgeber öffnen und in Folge eine negative Auswirkung auf ihre Mitarbeiter haben.

Seit 2010 veröffentlicht auch die Wirtschaftskammer Österreich (WKÖ) Social Media Guidelines, um den Unternehmen Tipps für den Umgang mit den modernen Kommunikationstechniken zu geben. Darin werden im ersten Teil Tipps für den Umgang mit Social Media Anwendungen gegeben und im Zweiten sind Muster-Richtlinien für MitarbeiterInnen dargestellt, welche entweder direkt oder in abgeänderter Form übernommen werden können.[40]

Arbeitsrechtlich interessant, bei den Tipps zum Umgang mit Social Media Anwendungen für Unternehmen, ist vor allem Tipp Nummer 7:

„Treffen Sie eine bindende Vereinbarung zur Nutzung von Social Media Anwendungen in Ihrem Unternehmen, die von allen Mitarbeitern getragen wird. […] Lassen Sie diese Vereinbarung von allen Mitarbeitern unterzeichnen."[41]

---

[40]Vgl. Wirtschaftskammer Österreich (2012): Social Media Guidelines für KMU. URL: http://www.telefit.at/web20/wko-socialmedia-guidelines.pdf (dl: 24.03.2012).
[41]Wirtschaftskammer Österreich (2012): Social Media Guidelines für KMU. URL: http://www.telefit.at/web20/wko-socialmedia-guidelines.pdf (dl: 24.03.2012).

Die von der WKÖ vorgegebenen Muster-Richtlinien, welche taxativ aufgezählt werden, beinhalten Vereinbarungen, die sowohl die geschäftliche Nutzung als auch die Nutzung des Privatbereichs bestimmen sollen:

1) Vereinbarungen kennen und beachten,
2) rechtliche Rahmenbedingungen,
3) beachten Sie die Geheimhaltungsverpflichtung,
4) Nutzung während der Arbeitszeit,
5) Unternehmensangehörige geben sich als solche zu erkennen,
6) persönliche Verantwortung jedes Mitarbeiters für eigene Veröffentlichungen,
7) öffentliche Kritik am Unternehmen ist tabu,
8) Toleranz und respektvoller Umgang mit anderen,
9) Umgang mit Fehlern, Irrtümern und anderen Krisen,
10) kontinuierliches Engagement.[42]

Diese Zehn Guidelines, welche hier nur überblicksartig dargestellt wurden, enthalten im Detail noch exaktere Ausführungen für MitarbeiterInnen. Beispielsweise wird unter Punkt 6 *„Persönliche Verantwortung jedes Mitarbeiters für eigene Veröffentlichungen"* ausgeführt, dass im Web zwischen privaten und beruflichen Umfeld die Grenzen immer mehr schwinden und daher MitarbeiterInnen auch in der Privatsphäre zweimal darüber nachdenken sollten, welche Kommentare oder Posts veröffentlicht werden. In Punkt 7 *„Öffentliche Kritik am Unternehmen ist tabu"* wird im Falle privater Social- Media- Nutzung, wenn dabei das Ansehen der Firma beschädigt wird, damit gedroht gekündigt zu werden und zukünftig schlechtere Berufschancen zu haben. Was allerdings genau unter Beschädigung des Ansehens verstanden wird bleibt offen und somit subjektiv auslegbar.[43]

---

[42]Vgl. Wirtschaftskammer Österreich (2012): Social Media Guidelines für KMU. URL: http://www.telefit.at/web20/wko-socialmedia-guidelines.pdf (dl: 24.03.2012).
[43]Vgl. Wirtschaftskammer Österreich (2012): Social Media Guidelines für KMU. URL: http://www.telefit.at/web20/wko-socialmedia-guidelines.pdf (dl: 24.03.2012).

2.9. Social Media Recruitment

Die Nutzungsmöglichkeiten von Social Media Plattformen sind für Unternehmen in verschiedensten Bereichen von wachsender Bedeutung. Web 2.0 Anwendungen können helfen neue Kunden zu gewinnen, bestehende Kundenkontakte zu pflegen, neue Mitarbeiter zu finden, einen stets aktuellen internen Informationsaustausch zu gewährleisten und den eigenen Vertrieb anzukurbeln. Diese Untersuchung beschränkt sich auf den Bereich der Personalgewinnung und der online Arbeitssuche, da dies sowohl Arbeitgeber als auch Arbeitnehmer betrifft.

Besonders im Bereich des Personalmanagements haben neue Kommunikationstechnologien in den letzten Jahren zu großen Veränderungen geführt. Einerseits spielen für Arbeitskräfte aussagekräftige Online- Bewerbungen eine zunehmend bedeutendere Rolle als schriftliche Bewerbungen. Andererseits ist es sowohl für Jobbewerber als auch für Unternehmen entscheidend, parallel zur unternehmenseigenen Internetseite, einen zielgerichteten Auftritt in den entsprechenden Social Media Plattformen wie Facebook, Xing, YouTube oder LinkedIn zu haben.

„Warten, bis der Social- Media- Zug vorbeigefahren ist, das wird nicht funktionieren und ist nicht zielführend."[44]

Die Vorteile des elektronischen Recruiting über Web 2.0 Anwendungen sind vielfältig. Abgesehen von den Einsparungspotenzialen im Hinblick auf Kosten und Zeit, wird durch den Einsatz moderner Kommunikationstechniken der gesamte Bewerbungsprozess verkürzt und optimiert. Zusätzliche Vorteile sind die Aktualität der Daten und die zeitnahe Übermittlung, die Steigerung des Unternehmensimage durch die dargestellte Innovationsfähigkeit und vor allem die weltweite Möglichkeit zu Personalbeschaffung, welche mit Printmedien nicht möglich wäre.[45]

---

[44] Huber, Peter (2012):. Sozialnetzwerke sind längst nicht nur ein Spielplatz für die Jugend. In: Fröhlich, Stefan (Autor): Oberösterreichische Nachrichten, 03.03.2012, Linz 2012.
[45] Vgl. Schmeisser, Wilhelm/ Krimphove, Dieter (2010): Internationale Personalwirtschaft und internationales Arbeitsrecht. München, Oldenbourg Verlag, S. 229.

Um bei der online Suche nach den besten Arbeitskräften erfolgreich zu sein ist es von wesentlicher Bedeutung, dass sich das Unternehmen als attraktiver Arbeitgeber präsentiert. Dieses sogenannter Employer Branding ist vor allem für Klein- und Mittelbetriebe eine große Chance um qualifizierte Mitarbeiter zu gewinnen. Ziel des Employer Branding ist es, die Qualität der Bewerber dauerhaft zu steigern und die Effizienz der Personalbeschaffung zu erhöhen. Die Mitarbeiter sollen sich durch einen gezielten Auftritt in den Social Media Plattformen mit dem Unternehmen identifizieren können.[46]

Um das Employer Branding erfolgreich umzusetzen und die Arbeitgebermarke mit Hilfe von Social Media zu stärken, sollten folgende Tipps beachtet werden:

1) Analyse der Bewerberbedürfnisse, z.B. Erwartungen, Kultur, Karriere.
2) Benchmarking: die Stärkung der anderen Wettbewerber am Arbeitsmarkt kennenlernen.
3) Hervorheben der Stärken des eigenen Unternehmens als Arbeitgeber und von den Mitbewerbern differenzieren.
4) Integrität der Arbeitgebermarke vermitteln. Versprechungen sollten auch eingehalten werden, um Enttäuschungen bei Mitarbeitern zu vermeiden.
5) Ein klares Image präsentieren um Unternehmens- Identität, -Kultur und – Werten authentisch und transparent zu transportieren.
6) Mitarbeiter vom Personalmarketing mit Hilfe von Web 2.0 Technologien zu Wort kommen lassen.
7) Mitarbeiter- Empfehlungen nutzen, ob in deren Bekanntenkreis jemand für eine bestimmte Stelle in Frage kommt.
8) Einen eigenen Fanclub entwickeln, in dem potenzielle Mitarbeiter das Unternehmen kennenlernen können: Videos, Facebook Fanpage, Xing und Twitter.
9) Stellenanzeigen müssen auch im Web professionell getextet sein.
10) Aktive Nutzung und Betreuung multimedialer und interaktiver Social Media Anwendungen auf der Unternehmenswebseite.[47]

---

[46]Vgl. Hilker, Claudia (2010): Social Media für Unternehmen. Wien, Linde Verlag, S. 132.
[47]Vgl. Hilker, Claudia (2010): Social Media für Unternehmen. Wien, Linde Verlag, S. 147.

Darüber hinaus sollten Unternehmen bedenken, dass diese in Internetportalen wie *kununu*, *kelzen*, *arbeitgebercheck* oder *jobvote* bewertet werden. Besonders Jobbewerber werden auf diesen Plattformen angesprochen um den erlebten Bewerbungsprozess zu beurteilen. Unternehmen sollten sich im Klaren sein, dass bei der Suche nach attraktiven Arbeitskräften ein faires Bewerbungsverfahren von Vorteil ist, da es allen Internetnutzern freisteht sich die Online- Bewertungen anzusehen. Dabei geht es um eine positive Reputation, Gleichbehandlung, Arbeitsatmosphäre und das Verhalten des Unternehmens im Recruitingprozess. Negative Bewertungen könnten somit dazu führen, dass offene Stellen im Unternehmen nicht mehr entsprechend besetzt werden können.[48]

Wie ungemein wichtig ein ordentlicher und gezielter Web 2.0 Auftritt von Jobbewerben mittlerweile ist, zeigt eine Eurocom Worldwide Studie. Diese Studie, bei der über 300 europäische Führungskräfte im Frühjahr 2012 teilnahmen, ergab, dass über 40 Prozent der Unternehmen die Social Media Profile der potentiellen Bewerber überprüfen. Dies hat zur Folge, dass rund jedes fünfte Unternehmen Bewerbern auf Grund ihres Social Media Profils eine Absage erteilt.[49]

Für Arbeitskräfte bieten die Web 2.0 Plattformen nicht nur die Möglichkeit nach vakanten Jobs zu suchen sondern sich selbst als attraktive Arbeitskraft in Szene zu setzen. Damit Jobbewerber auf Plattformen wie Xing oder LinkedIn von Personalabteilungen gefunden werden, sollten einige Ratschläge befolgt werden:

1) Erstellen eines aussagekräftigen Profils und damit auch die Frage beantworten, in welchen Bereichen man einsetzbar ist.
2) Das Foto sollte internetgeeignet sein und repräsentativ. Typische Bewerbungsfotos sehen dabei oft nicht gut aus. Wichtig ist ein hoher Kontrast.
3) Ist man bei Xing in einer Diskussionsgruppe involviert muss dies nicht unbedingt öffentlich gezeigt werden.
4) Netzwerke erschließen und sich mit Leuten verbinden, welche selbst ein eigenes Netzwerk aufgebaut haben.

---

[48]Vgl. Habitzl, Gerhard (2010): Fischen nach attraktiven Arbeitgebern mir dem „Inter-Net". In: Arbeits- und Sozialrechtskartei,3, S. 2 – 4.
[49]Vgl. Telekom-presse.at (2012): Jedes fünfte Unternehmen sagt Bewerbern aufgrund ihres Social Media Profils ab. URL: http://www.telekom-presse.at/Jedes_fuenfte_Unternehmen_sagt_Bewerbern_aufgrund_ihres_Social_Media_Profils_ab_Infografik_.id.19248.htm (dl: 25.08.2012).

5) Löschen allzu privater Einträge im Gästebuch.

6) Unbedingt auf dem Profil klarstellen, dass man aktuell auf Jobsuche ist.[50]

Beim Einsatz moderner Kommunikationstechniken, insbesondere von Web 2.0 Anwendungen, sollten sich Unternehmen und Arbeitskräfte darüber bewusst sein, dass diese nicht nur Vorteile, sondern auch Nachteile mit sich bringen können. Daher ist es von großer Bedeutung die Risiken und Gefahren zu kennen um diese frühzeitig zu bekämpfen.

---

[50]Vgl. Hofert, Svenja (2010): Stellensuche und Bewerbung im Internet. Hannover, Humboldt, S. 31f.

3. Rechtliche Betrachtung

Neue Kommunikationstechniken ermöglichen Unternehmen und ArbeitnehmerInnen nicht nur neue Möglichkeiten im Bereich des Markting oder der internen Kommunikation, sondern bieten auch eine moderne Art der Kontrolle bzw. Überwachung. Waren in vorangegangenen Jahrzehnten die Methoden der Kontrolle am Arbeitsplatz, wie beispielsweise der Einsatz von Videokameras oder Stempelkartensystemen, sehr offensichtlich, sind im Gegensatz dazu die neuen Techniken, wie das Internet oder die Speicherung von Daten auf betriebsinternen Servern, für MitarbeiterInnen kaum zu erkennen. Daraus folgt, dass auch die österreichische Judikative gefordert ist mit dem Wandel der Zeit zu gehen um klare Grenzen für Unternehmen und ArbeitnehmerInnen zu ziehen.

Insbesondere wird in Zukunft die Thematik der Nutzung von sozialen Netzwerken in der Arbeitswelt noch mehr an Bedeutung gewinnen. Hauptgrund dafür ist, dass sich die Mehrheit der über 800 Millionen Facebook- NutzerInnen im arbeitsfähigen Alter befindet und sich durchschnittlich 50 Prozent der UserInnen mindestens einmal täglich einloggen, weshalb anzunehmen ist, dass dies auch während der Arbeitszeit passiert. Unternehmen aber auch ArbeitnehmerInnen sind demnach gut beraten die Internetnutzung und damit auch die Nutzung von Web 2.0 Anwendungen durch technische Betriebsmittel rechtlich festzulegen um beidseitig einen klaren Spielraum zu schaffen.[51]

Die moderne Arbeitswelt ist und wird vor allem in Zukunft ohne den Einsatz von modernen Techniken nicht mehr vorstellbar sein. Dabei ist es einerseits für Unternehmen unumgänglich bestimmte Maßnahmen zu setzen um die Funktionsfähigkeit der Informations- und Datenverarbeitung zu sichern. Andererseits wirft die Nutzung der betrieblichen Informationstechnologien durch die Arbeitnehmer rechtliche Fragen auf:

---

[51] Vgl. Bernhard, Claudia/ Kristoferitsch, Hans (2011): IT-Richtlinien – Rechtliche Einstufung. In: Jaksch-Ratajczak, Wojciech/ Stadler, Arthur (Hrsg.): Aktuelle Rechtsfragen der Internetnutzung. Wien, Facultas Verlag, S. 317.

- Dürfen die Mitarbeiter die vom Arbeitgeber zur Verfügung gestellten technischen Einrichtungen für private Zwecke nutzen?
- Hat der Arbeitgeber die Möglichkeit, Aktivitäten der MitarbeiterInnen im Internet zu beschränken?
- Wie weit reichen die Kontrollbefugnisse des Arbeitgebers und wie kann reagiert werden, wenn sich die Arbeitnehmer nicht an die vorgegebenen Rahmenbedingungen der Internetnutzung halten?[52]

„Gesetzliche Bestimmungen darüber, in welcher Form solche Regelungen zu erfolgen haben, bestehen nicht. Der Arbeitgeber verfügt daher in diesem Zusammenhang über einen Spielraum"[53]

3.1. Regelungen für die Nutzung technischer Betriebsmittel

Grundsätzlich handelt es sich bei der von Unternehmen zur Verfügung gestellten Hard- und Software um Betriebsmittel was zur Folge hat, dass der Arbeitgeber über Art und Umfang der Verwendung frei entscheiden kann und somit auch das Recht hat betriebliche Regelungen, wie Social Media Richtlinien, einzuführen. In der Praxis können Nutzungsbedingungen durch drei verschieden Varianten erfolgen. Entweder durch eine Regelung im Arbeitsvertrag, in einer Betriebsvereinbarung oder mittels Social Media Guidelines in Form einer Weisung.[54]

---

[52] Vgl. Bernhard, Claudia/ Kristoferitsch, Hans (2011): IT-Richtlinien – Rechtliche Einstufung. In: Jaksch-Ratajczak, Wojciech/ Stadler, Arthur (Hrsg.): Aktuelle Rechtsfragen der Internetnutzung. Wien, Facultas Verlag, S. 308.
[53] Bernhard, Claudia/ Kristoferitsch, Hans (2011): IT-Richtlinien – Rechtliche Einstufung. In: Jaksch-Ratajczak, Wojciech/ Stadler, Arthur (Hrsg.): Aktuelle Rechtsfragen der Internetnutzung. Wien, Facultas Verlag,, S. 309.
[54] Vgl. Bernhard, Claudia/ Kristoferitsch, Hans (2011): IT-Richtlinien – Rechtliche Einstufung. In: Jaksch-Ratajczak, Wojciech/ Stadler, Arthur (Hrsg.): Aktuelle Rechtsfragen der Internetnutzung. Wien, Facultas Verlag, S. 309.

3.1.1. Regelung im Arbeitsvertrag

Gesetzlich verbindliche und zweiseitige Vereinbarungen können bereits im Arbeitsvertrag festgelegt werden. Vorteil dieser Variante ist, dass es dazu der Zustimmung des einzelnen Arbeitnehmers bedarf. Nachteilig und mit einem gewissen Risiko behaftet ist die Regelung im Arbeitsvertrag daher, weil für neueintretende MitarbeiterInnen andere Regelungen festgelegt werden könnten als für bestehende MitarbeiterInnen. Es müssten also bei jeder Neuregelung über die Nutzung der technischen Betriebsmittel auch die geltenden Verträge angepasst werden. Einerseits würde dies den ArbeitnehmerInnen einen gewissen Handlungsspielraum verschaffen, vor allem wenn die Änderung nicht zu deren Vorteil ist, und andererseits würde es dem Arbeitgeber erschwert auf neue Technologien adäquat und rechtzeitig reagieren zu können.[55]

„ArbeitnehmerInnen sollten sich den Arbeitsvertrag genau anschauen, welcher sehr oft und in letzter Zeit immer häufiger Bestimmungen zur privaten Internetnutzung enthält und welcher vielleicht in Anhängen zum Arbeitsvertrag Guidelines für Social Media beinhaltet. Es kann sein, dass der Arbeitgeber es erlaubt auf Facebook einen Account zu führen aber für die explizite Nutzung schafft dieser Richtlinien. Diese Guidelines sollten offene Fragen klären, wie zum Beispiel: Was ist meinem Mitarbeiter dort erlaubt? Darf er sich dort als mein Mitarbeiter deklarieren?"[56]

3.1.2. Regelung durch Weisung

Neben der Regelung im Arbeitsvertrag hat der Arbeitgeber die Möglichkeit den Einsatz und das Verhalten der MitarbeiterInnen im Internet mittels einer Weisung festzulegen. Auf Grund des Arbeitsvertrages und der damit einhergehenden *persönlichen Abhängigkeit* des Arbeitnehmers gegenüber dem Unternehmen kommt dem Arbeitgeber ein Weisungsrecht

---

[55] Vgl. Bernhard, Claudia/ Kristoferitsch, Hans (2011): IT-Richtlinien – Rechtliche Einstufung. In: Jaksch-Ratajczak, Wojciech/ Stadler, Arthur (Hrsg.): Aktuelle Rechtsfragen der Internetnutzung. Wien, Facultas Verlag, S. 309.
[56] Interview mit Mag. Velebit, Drago. Rechtsberatung der Arbeiterkammer Oberösterreich, Linz am 13. April 2012.

zu. Dies erlaubt dem Arbeitgeber den Einsatz der Arbeitskraft des Arbeitnehmers innerhalb eines bestimmten Rahmens, wie Social Media Richtlinien, zu lenken.[57]

Solch eine Regelung ist laut Rechtsprechung des Obersten Gerichtshofs nur dann zulässig, wenn die Grenzen der sich aus dem Arbeitsvertrag vereinbarten Rechten und Pflichten, bezüglich des Verhaltens oder der Arbeitspflicht der MitarbeiterInnen, nicht überschritten werden. In diesem Fall haben sich die ArbeitnehmerInnen an die Anordnung, welche sich nur auf den Gegenstand der Arbeitsleistung beziehen darf, zu halten.[58]

Klarer Vorteil gegenüber Vereinbarungen im Arbeitsvertrag ist, dass Richtlinien mittels Weisung einfach durch den Arbeitgeber abgeändert werden können und damit in der Praxis leichter umsetzbar sind. Diese Richtlinien werden hauptsächlich schriftlich erlassen und sind in internationalen Unternehmen auch unter den Begriffen „Guidelines" oder „Policy" bekannt.[59]

3.1.3. Mitbestimmung durch den Betriebsrat

In Betrieben mit Betriebsrat hat dieser Mitwirkungsrechte in Form einer Betriebsvereinbarung. Gemäß § 29 ArbVG ist eine Betriebsvereinbarung eine schriftliche Vereinbarung zwischen Betriebsinhaber und Betriebsrat, welche betriebliche Angelegenheiten regelt und nur dann gültig ist, wenn die Betriebspartner vom Gesetz oder vom Kollektivvertrag zur Schaffung eines solchen bemächtigt sind.[60]

Eine Betriebsvereinbarung bezüglich der Nutzung technischer Betriebsmittel basiert auf § 97 Abs 1 Z6 ArbVG. Demnach besteht die Möglichkeit eine Betriebsvereinbarung über „Maßnahmen zur zweckentsprechenden Benützung von Betriebseinrichtungen und Betriebsmittel" abzuschließen, wobei die Mitbestimmungsmöglichkeiten des Betriebsrats

---

[57]Vgl. Bernhard, Claudia/ Kristoferitsch, Hans (2011): IT-Richtlinien – Rechtliche Einstufung. In: Jaksch-Ratajczak, Wojciech/ Stadler, Arthur (Hrsg.): Aktuelle Rechtsfragen der Internetnutzung. Wien, Facultas Verlag, S. 309f.
[58]Vgl. Löschnigg, Günther (2003): Arbeitsrecht. Wien, ÖGB-Verlag, S. 245.
[59]Vgl. Bernhard, Claudia/ Kristoferitsch, Hans (2011): IT-Richtlinien – Rechtliche Einstufung. In: Jaksch-Ratajczak, Wojciech/ Stadler, Arthur (Hrsg.): Aktuelle Rechtsfragen der Internetnutzung. Wien, Facultas Verlag, S. 310.
[60]§ 29 ArbVG, BGBl. 1974/22 idF BGBl. 1993/460.

nach einzelnen Sachgebieten graduell abgestuft sind. Insbesondere in diesem Fall wird von einer erzwingbaren Betriebsvereinbarung gesprochen, dies bedeutet, dass der Arbeitgeber Richtlinien, auch ohne Einigung mit dem Betriebsrat in Kraft setzen kann. Einzige Möglichkeit des Betriebrates gegen eine solche einseitige Regelung vorzugehen ist, sein Mitwirkungsrecht bei der im Arbeits- und Sozialgericht eingerichtete Schlichtungsstelle einzuschalten. Der Spruch der Schlichtungsstelle, welche zwischen den Interessen des Arbeitnehmers und den Interessen des Unternehmens abwiegt, ersetzt in diesem Fall eine Einigung zwischen den beiden Parteien.[61]

3.1.4. Regelungen für private Nutzung

In der Lehre herrscht Uneinigkeit darüber, inwieweit die private Nutzung der technischen Medien Gegenstand einer Betriebsvereinbarung gemäß § 97 Abs 1 Z6 sein kann. Hauptgrund gegen eine Subsumption der Privatnutzung ist die Auslegung der „*zweckentsprechenden Benützung*" der betrieblichen Infrastruktur. Argument gegen diese Auslegung ist, dass bereits der Begriff „Benutzung" sowohl private als auch berufliche Nutzung umfasst. Bernhard und Kristoferitsch sind der Meinung, dass letzterer Argumentation Vorzug zu geben ist, da eine Richtlinie über Dauer und Art der Nutzung eine private und berufliche Nutzung impliziert. Beispielsweise werden mit einer Formulierung wie „die Privatnutzung ist für eine halbe Stunde pro Arbeitstag erlaubt" inhaltlich beide Nutzungsmöglichkeiten geregelt.[62]

---

[61] Vgl. Bernhard, Claudia/ Kristoferitsch, Hans (2011): IT-Richtlinien – Rechtliche Einstufung. In: Jaksch-Ratajczak, Wojciech/ Stadler, Arthur (Hrsg.): Aktuelle Rechtsfragen der Internetnutzung. Wien, Facultas Verlag, S. 310f.
[62] Vgl. Bernhard, Claudia/ Kristoferitsch, Hans (2011): IT-Richtlinien – Rechtliche Einstufung. In: Jaksch-Ratajczak, Wojciech/ Stadler, Arthur (Hrsg.): Aktuelle Rechtsfragen der Internetnutzung. Wien, Facultas Verlag, S. 311f.

Prinzipiell bestehen für den Arbeitgeber bei der Erlassung einer Richtlinie drei Möglichkeiten für die Privatnutzung der ArbeitnehmerInnen:

a) Erlaubnis der Privatnutzung

Hierbei gibt es weitere zwei Möglichkeiten. Entweder ist das Ausmaß der privaten Nutzung bezüglich Dauer und Arbeitszeit (etwa nur in der Mittagspause) genau geregelt oder es besteht keine nähere Definition. In diesem Fall ergibt sich daraus eine umfassende Nutzungsbefugnis des Arbeitnehmers, welche jedoch nicht gänzlich uneingeschränkt ist, da aus den Interessenwahrungspflichten speziell aus der Treuepflicht gegenüber dem Arbeitgeber Grenzen gesetzt werden. Die Treupflicht, welche ein Reihe von Einzelvorschriften für ArbeitnehmerInnen vorsieht, besagt ferner, dass MitarbeiterInnen trotz Erlaubnis zur privaten Nutzung der technischen Betriebsmittel den Arbeitgeber auf keine Weise schädigen und die Dienstpflichten nicht vernachlässigt werden dürfen.[63]

b) Verbot der Privatnutzung

Verbietet der Arbeitgeber per Weisung oder Arbeitsvertrag die Nutzung der betrieblichen Infrastruktur können laut Judikatur auf Grundlage der Sittenwidrigkeit jedoch bestimmte Grenzen gezogen werden. Bestehen gemäß § 8 Abs 3 AngG bzw. § 1154b ABGB wichtige Dienstverhinderungsgründe in denen das Interesse der ArbeitnehmerInnen den Interessen des Betriebs vorgehen wie bei Schulangelegenheiten der Kinder, Vereinbarungen von Arztterminen oder sonstigen wichtigen persönlichen Gründen ist es den ArbeitnehmerInnen erlaubt gegen Entgeltfortzahlung die betrieblichen Kommunikationsmittel zu verwenden. Allerdings haben MitarbeiterInnen darauf zu achten, dass dadurch die Arbeit nicht beeinträchtigt wird, die Ressourcen des Arbeitgebers nicht in störender Weise verwendet werden und keine widerrechtlichen Handlungen unterstützt werden. Ausschlaggebend ist hierbei summa summarum der Maßstab der Erforderlichkeit der Internetnutzung, welche

---

[63]Vgl. Bernhard, Claudia/ Kristoferitsch, Hans (2011): IT-Richtlinien – Rechtliche Einstufung. In: Jaksch-Ratajczak, Wojciech/ Stadler, Arthur (Hrsg.): Aktuelle Rechtsfragen der Internetnutzung. Wien, Facultas Verlag, S. 315f.

gegenüber der Telefonnutzung enger zu ziehen ist, da die Nutzung des Internets meist weniger Dringlichkeit aufweist.[64]

c) Keine konkreten Nutzungsregelungen

Besteht hingegen keine Regelung über Erlaubnis der privaten Nutzung ist zu klären, ob überhaupt ein Nutzungsrecht der technischen Betriebsmittel während der Arbeitszeit für private Anliegen existiert. Die aktuelle Rechtsprechung sieht bei Fehlen einer solchen Regelung die Privatnutzung in geringem Umfang während der Arbeitszeit als nicht unüblich und daher zulässig an. In der Praxis gilt daher wiederum eine maßvolle Privatnutzung, falls diese nicht ausdrücklich verboten wurde, als erlaubt.[65]

3.2. Zulässigkeit der Auswertung von Social Media Einträgen und Kontrolle durch den Arbeitgeber

„Die Nutzung von Social Networks während der Arbeitszeit in geringem Ausmaß ist grundsätzlich zulässig, kann aber vom Arbeitgeber untersagt werden. Die Ermittlung von Informationen über Stellenbewerber durch Auswertung deren Einträge in Social Networks ist, ebenso wie eine auf diese Art durchgeführte Überwachung von MitarbeiterInnen, idR unzulässig. Inwieweit ein Verwertungsverbot hinsichtlich rechtswidrig erlangter Beweise besteht, ist strittig."[66]

Grundsätzlich gilt für Verträge, wie beispielsweise dem Arbeitsvertrag, dass der Gläubiger in diesem Fall der Arbeitgeber das Recht besitzt die Erfüllung dieses Vertrages zu kontrollieren. Der Arbeitgeber darf dabei kontrollieren, ob die ArbeitnehmerInnen die Arbeitszeiten einhalten, ob sich diese am geschuldeten Ort aufhalten und ob diese während der Arbeitszeit privaten Interessen nachgehen. Diesen Kontrollen sind jedoch rechtliche Grenzen gesetzt. Einerseits müssen bei elektronischer Aufzeichnung von Daten laut

---

[64]Vgl. Bernhard, Claudia/ Kristoferitsch, Hans (2011): IT-Richtlinien – Rechtliche Einstufung. In: Jaksch-Ratajczak, Wojciech/ Stadler, Arthur (Hrsg.): Aktuelle Rechtsfragen der Internetnutzung. Wien, Facultas Verlag, S. 313f.
[65]Vgl. Bernhard, Claudia/ Kristoferitsch, Hans (2011): IT-Richtlinien – Rechtliche Einstufung. In: Jaksch-Ratajczak, Wojciech/ Stadler, Arthur (Hrsg.): Aktuelle Rechtsfragen der Internetnutzung. Wien, Facultas Verlag, S. 313.
[66]Majoros, Thomas (2010): Social Networks und Arbeitsrecht. In: Ecolex,9, S. 829 – 822.

Datenschutzgesetz MitarbeiterInnen über Mittel und Zweck der Kontrollmaßnahme in Kenntnis gesetzt werden um rechtens zu sein. Andererseits ergibt sich aus der Fürsorgepflicht ein Verbot geheimer Kontrollen, wenn ArbeitnehmerInnen bestimmte Maßnahmen als solche erkennen und diese den Zweck der Kontrolle entsprechen könnten.[67]

Grenzen bei der Kontrolle von ArbeitnehmerInnen sind dem Unternehmen dann gesetzt, wenn ein bestimmtes Maß an Intensität der Rechtsbeeinträchtigung der ArbeitnehmerInnen überschritten wird. Gesetzlich festgelegte Maßstäbe im Bezug auf die Mitarbeiterkontrolle finden sich bezüglich der Fürsorgepflichten des Arbeitgebers in § 1157 ABGB und § 18 AngG. Die Persönlichkeitsrechte der ArbeitnehmerInnen werden geschützt durch § 16 ABGB und des weiteren durch das unmittelbare Grundrecht auf Datenschutz gemäß § 1 DSG 2000. Darüber hinaus müssen die für den Arbeitgeber festgesetzten Grenzen gemäß des Arbeitsverfassungsgesetzes, welches die betriebsverfassungsrechtlichen Voraussetzungen für die Zulässigkeit von Kontrollen am Arbeitsplatz regelt, eingehalten werden.[68]

Werden Kontrollmaßnahmen gemäß § 96 Abs 1 Z3 ArbVG in einem Unternehmen eingeführt und besteht dabei die Gefahr, dass die Berührung der Menschenwürde auftritt, so bedarf dies der Mitbestimmung durch den Betriebsrat. Da es sich dabei um einen Fall der notwendigen Mitbestimmung handelt, ist in Betrieben ohne Betriebsrat die Zustimmung jedes einzelnen Arbeitnehmers über die entsprechenden Kontrollmaßnahmen gemäß § 10 AVRAG erforderlich. Hervorzuheben hierbei ist, dass eine Mitbestimmung beziehungsweise eine Zustimmung nur dann gesetzlich vorgeschrieben ist, wenn es sich bei der Kontrolle um eine generelle Regelung oder eine Einführung genereller Maßnahmen handelt. Besteht hingegen der Verdacht, dass ein/e oder mehrere MitarbeiterInnen eine strafbare Handlung setzen oder ihren Dienstpflichten nicht nachkommen ist die Kontrolle, sofern diese die Grenzen gemäß § 96 ArbVG nicht überschreitet, auch ohne Zustimmung rechtens.[69]

---

[67] Vgl. Rebhahn, Robert (2009): Mitarbeiterkontrolle am Arbeitsplatz. Wien, Facultas Verlag, S. 56.
[68] Vgl. Sacherer, Remo (2011): Die Kontrolle der Internet- und E-Mail-Nutzung am Arbeitsplatz aus betriebsverfassungsrechtlicher Sicht. In: Jaksch-Ratajczak, Wojciech/ Stadler, Arthur (Hrsg.): Aktuelle Rechtsfragen der Internetnutzung. Wien, Facultas Verlag, S. 325.
[69] Vgl. Sacherer, Remo (2011): Die Kontrolle der Internet- und E-Mail-Nutzung am Arbeitsplatz aus betriebsverfassungsrechtlicher Sicht. In: Jaksch-Ratajczak, Wojciech/ Stadler, Arthur (Hrsg.): Aktuelle Rechtsfragen der Internetnutzung. Wien, Facultas Verlag, S. 326f.

Unter Berührung der Menschenwürde wird im Allgemeinen ein zu starker Eingriff in die Privatsphäre der MitarbeiterInnen durch spezielle Kontrollmaßnahmen oder ein technisches System, welches einer Kontrolle dienen könnte, verstanden. Rechtsgrundlage dafür bilden der einfachgesetzliche Persönlichkeitsschutz laut § 16 ABGB, das in der Verfassung verankerte Grundrecht auf Schutz des Brief- und Fernmeldegeheimnisses gemäß Art 10 und 10 a StGG und Art 8 EMRK und das Grundrecht auf Achtung des Privat- und Familienlebens gemäß Art 8 EMRK. Grundsätzlich ist aber bei der Durchführung einer Interessensabwägung danach zu differenzieren, ob den ArbeitnehmerInnen eine private Internetnutzung grundsätzlich verboten oder erlaubt ist.[70]

„Facebook ist keine Privatsphäre. NutzerInnen stellen ihre Meinungen und Interessen freiwillig ins Internet. Richte ich meine Privatsphäreeinstellungen, beispielsweise auf Facebook, nicht dementsprechend ein, sind diese nicht privat."[71]

Der Einsatz elektronischen Betriebsmittel ermöglicht dem Arbeitgeber ein einfaches und gezieltes Auswerten des arbeitsplatzbezogenen Verhaltens von MitarbeiterInnen. Daher sollten sich ArbeitnehmerInnen stets darüber im Klaren sein, dass durch die Veröffentlichung von privaten Daten oder Meinungen, wie beispielsweise politische Meinungen, private Interessen oder auch sexuellen Neigungen in Social Media Netzwerken auch der Arbeitgeber mitlesen kann. Dabei sollte jeder Person stets bewusst sein, dass Äußerungen auf Web 2.0 Plattformen sobald diese mit der Öffentlichkeit geteilt werden und es sich dabei nicht um private Nachrichten handelt, nicht in die geschützte Privatsphäre fallen. Besonders ArbeitnehmerInnen, welche Meinungen über das Unternehmen oder den Arbeitgeber kundtun, sollten bedenken, dass diese öffentlich zugänglich sind und somit folglich auch nichts mit einer unzulässigen Kontrolle des Arbeitgebers zu tun haben. Dies ermöglicht dem Arbeitgeber auf eine legitime Art und Weise einen Einblick in die Persönlichkeit zu gewinnen aber auch auf die Loyalität einzelner ArbeitnehmerInnen zu schließen.[72]

---

[70]Vgl. Sacherer, Remo (2011): Die Kontrolle der Internet- und E-Mail-Nutzung am Arbeitsplatz aus betriebsverfassungsrechtlicher Sicht. In: Jaksch-Ratajczak, Wojciech/ Stadler, Arthur (Hrsg.): Aktuelle Rechtsfragen der Internetnutzung. Wien, Facultas Verlag, S. 329ff.
[71]Interview mit Mag. Velebit, Drago. Rechtsberatung der Arbeiterkammer Oberösterreich, Linz am 13. April 2012.
[72]Vgl. Sacherer, Remo (2011): Die Kontrolle der Internet- und E-Mail-Nutzung am Arbeitsplatz aus betriebsverfassungsrechtlicher Sicht. In: Jaksch-Ratajczak, Wojciech/ Stadler, Arthur (Hrsg.): Aktuelle Rechtsfragen der Internetnutzung. Wien, Facultas Verlag, S. 324.

Eine indirekte Art der Kontrolle bildet die Sanktionierung beim Verstoß gegen Social Media Guidelines. Dabei soll das Verhalten der MitarbeiterInnen mit dem Aufzeigen der möglichen Konsequenzen im Fall eines Zuwiderhandelns schon im Vorhinein gesteuert werden. Der Arbeitgeber kann dabei in den Richtlinien Entlassungsgründe anführen, jedoch nur in dem Ausmaß, welche den Tatbeständen gemäß § 27 AngG gleichwertig sind, wobei sich diese Gleichwertigkeit hauptsächlich auf die Unzumutbarkeit einer Fortsetzung des Arbeitsverhältnisses für den Arbeitgeber berufen wird. Abgesehen von Entlassungen als Sanktionen können auch Disziplinarmaßnahmen gemäß Art 102 ArbVG ergriffen werden, wie Versetzungen, Unterlassen von Beförderungen oder Verhängung von Geldstrafen. Rechtmäßig können diese Disziplinarmaßnahmen nur erfolgen, wenn diese in einem Kollektivvertrag oder in einer Betriebsvereinbarung gemäß § 97 Abs 1 Z1 ArbVG ausdrücklich geregelt sind. Bei der Einführung diverser Sanktionen hat der Arbeitgeber jedenfalls § 102 ArbVG zur Regelung über die Verhängung von Disziplinarmaßnahmen und § 96 Abs 1 Z1 ArbVG über die Einführung einer Disziplinarordnung einzuhalten und darüber hinaus auch den Betriebsrat entsprechend mit einzubeziehen.[73]

Abschließend betrachtet ist bezüglich der Zulässigkeit der Auswertung von Einträgen der ArbeitnehmerInnen in Social Networks in zweierlei Hinsicht zu differenzieren. Sieht der Arbeitgeber in Informationen ein, welche für alle registrierten BenutzerInnen zugänglich sind und an öffentlichen Stellen platziert sind, dann ist zwar das Persönlichkeitsrecht berührt, jedoch noch nicht verletzt. Im Gegensatz dazu wäre es aber sehr wohl rechtswidrig, wenn der Arbeitgeber mittels dritten Personen oder sogenannten Lockspitzeln, nur für *„Freunde"* bestimmte Nachrichten ausforscht und verwertet.[74]

---

[73] Vgl. Bernhard, Claudia/ Kristoferitsch, Hans (2011): IT-Richtlinien – Rechtliche Einstufung. In: Jaksch-Ratajczak, Wojciech/ Stadler, Arthur (Hrsg.): Aktuelle Rechtsfragen der Internetnutzung. Wien, Facultas Verlag, S. 319.
[74] Vgl. Majoros, Thomas (2010): Social Networks und Arbeitsrecht. In: Ecolex,9, S. 829 – 822.

4. Auswirkungen auf die moderne Arbeitswelt

Der Übergang von der fordistisch- tayloristisch geprägten Industriegesellschaft zur modernen Informationsgesellschaft wurde durch den Einzug des Internets und des E- Mailverkehrs wesentlich beschleunigt. Der Faktor Zeit und die Wirtschaftlichkeitsprinzipien Effizienz und Effektivität spielen nunmehr eine immer wichtigere Rolle. Durch den Einsatz moderner Kommunikationstechniken wie den Web 2.0 Anwendungen wird diese Entwicklung noch verstärkt und um zusätzliche Aspekte erweitert. Dabei stellt sich einerseits die Frage, ob diese neuen technischen Möglichkeiten zu einer positiven oder negativen Erweiterung der eigenen Autonomie führen? Andererseits spielt auch auf Grund der fortschreitenden Auflösung der geregelten Arbeitszeiten, in den westlichen Industrieländern, die zunehmend verschwindenden Grenzen zwischen Beruf und Familie eine immer wichtigere Rolle für ArbeitnehmerInnen.

Bei der Thematik Autonomic und Selbstbestimmung kommt dem Faktor Flexibilisierung eine entscheidende Rolle zu. Das Stichwort „Vertrauensarbeitszeit" wird hierfür neuerdings verwendet. Darunter versteht man den Verzicht des Arbeitgebers auf die Kontrolle der Arbeitszeiten. Den Arbeitgeber interessiert ausschließlich das Ergebnis der geleisteten Arbeit. Für ArbeitnehmerInnen bedeutet dies, dass Lage und Verteilung ihrer Arbeitszeiten eigenverantwortlich zu regeln sind. Lediglich im Falle, dass ArbeitnehmerInnen die ihnen vertraglich vereinbarten Ziele nicht einhalten können, sollen Arbeitgeber informiert werden.[75]

Flexibilität bedeutet in der postfordistischen Arbeitswelt auch eine größere Mobilität zwischen Beschäftigung und Nichtbeschäftigung, zwischen Betrieben und Unternehmensteilen, zwischen abhängiger Beschäftigung und Selbstständigkeit und zwischen mehr oder weniger klar festgesetzten und zeitlich fixierten Arbeitsprojekten. Betroffen von dieser Entwicklung sind hauptsächlich jüngere Arbeitnehmer.[76]

---

[75] Vgl. Senghaas-Knobloch, Eva (2008): Wohin driftet die Arbeitswelt? Wiesbaden, Verlag für Sozialwissenschaften, S: 48.
[76] Vgl. Szydlik, Marc (2008): Flexibilisierung – Folgen für Arbeit und Familie. Wiesbaden, Verlag für Sozialwissenschaften, S. 16.

Laut einer Umfrage des deutschen Industrie- und Handelstages im Jahr 2000 berichteten Betriebsräte, dass es gerade für höher qualifizierte ArbeitnehmerInnen schwierig ist eine Überlastungssituation anzugeben. Diese befürchten, dass ihnen daraus ein Imageschaden drohen könnte, welcher durch vermeintlich ineffiziente Arbeitsorganisation oder Leistungsschwäche hervorgerufen wird. Gerade für Personen, welche sich in einer Art Scheinselbstständigkeit befinden, auf Werkvertragsbasis arbeiten oder wenn in einer Unternehmen kein Betriebsrat gewählt wurde, ist diese Situation als sehr problematisch anzusehen, da Interessensvertretung nur informell oder durch die eigene Person erfolgen kann.[77]

Als Ergebnis von der Auflösung geregelter Arbeitszeiten und der damit einhergehenden zunehmenden Autonomie der Arbeit können psychische und physische Überlastungssituationen entstehen, welche vordergründlich willentlich eingegangen werden und indirekt auf die neuen Managementsysteme zurückführen. Die Abkehr von den funktionalen Organisationsgrenzen bedeutet ebenso einen neuen Begriff der Arbeitsleistung. Leistung wird zunehmend am reinen Output des einzelnen Arbeitnehmers gemessen und nicht mehr länger an Qualifikation und Anstrengung. Dies kann in weiterer Folge für die betroffenen ArbeitnehmerInnen zu einem Verlust von Maßstäben, zur physischen und psychischen Erschöpfung und zur Selbstverleugnung führen.[78]

---

[77] Vgl. Senghaas-Knobloch, Eva (2008): Wohin driftet die Arbeitswelt? Wiesbaden, Verlag für Sozialwissenschaften, S: 48f.
[78] Vgl. Senghaas-Knobloch, Eva (2008): Wohin driftet die Arbeitswelt? Wiesbaden, Verlag für Sozialwissenschaften, S: 48f.

4.1. Merkmale der modernen Arbeitswelt

Um ein grundlegendes Verständnis für die moderne Arbeitswelt zu entwickeln und in Folge die persönliche Autonomie und die Auswirkungen des neuen Arbeitsalltags auf Familie und Beruf beurteilen zu können, müssen zuvor die wesentlichsten Merkmale aufgezeigt werden. Die Industriegesellschaft in den letzten Jahrzehnten des vorigen Jahrhunderts war geprägt durch fordistisch- tayloristische Produktions- und Managementsysteme. Typische Merkmale dafür waren:

- kleingliedrige Arbeitsteilung mit strenger Trennung von planenden und ausführenden Aufgaben,
- Einseitigkeit der Anforderungen,
- Isolation der ArbeitnehmerInnen an ihren spezifischen Arbeitsplätzen,
- starre Zeitvorgaben,
- Förderung von Gefühlen der Einengung und des Zwangs durch Vorschriften und Aufgaben ohne Dispositions- und Entscheidungsmöglichkeiten.[79]

In der modernen bzw. postfordistischen Arbeitswelt sind angesichts der verschiedensten neuen Beschäftigungsformen und der Entwicklung zur Dezentralisierung von Unternehmen trotzdem gemeinsame Merkmale und Anforderungen an ArbeitnehmerInnen gegeben:

- individuelles Zeitmanagement anstatt geregelter Normarbeitszeit,
- Integration von planenden und ausführenden Aufgaben auf verschiedenen Niveaus,
- Vorstellung, das ArbeitnehmerInnen ihre übertragenen Aufgaben als Teil einer Gesamtaufgabe, die Teamarbeit verlangt, begreifen,
- anstatt Vorschriften ein gewisses Maß an Selbstverantwortlichkeit über den Arbeitsauftrag,
- Engagement bei der Erfüllung von Aufgaben,

---

[79] Vgl. Senghaas-Knobloch, Eva (2008): Wohin driftet die Arbeitswelt? Wiesbaden, Verlag für Sozialwissenschaften, S: 39.

- Entwicklung eines eigenen Interesses an Fort- und Weiterbildung, welches auch außerhalb der Unternehmensgrenzen realisiert wird.[80]

Die eben genannten Merkmale der Informationsgesellschaft werden durch den Einsatz von modernen Kommunikationstechniken weiter verstärkt. Abgesehen davon, dass Web 2.0 Dienste orts- und zeitunabhängig zur Verfügung stehen und lediglich einen Internetzugang benötigen, bietet beispielsweise LinkedIn, Unternehmen eigene Company Groups an, welche eine interne Kommunikationsmethode darstellt, die ausschließlich MitarbeiterInnen zur Verfügung steht und damit in weiterer Folge dezentralen Organisationsformen nützlich ist und Teamarbeit in den Mittelpunkt stellt. Darüber hinaus sorgt auch die Verwendung von Wikis für Zeitersparnisse, da mit deren Hilfe eine kollaborative Arbeitsweise gefördert wird, welche speziell auf dezentrale Projektarbeiten abzielt.

Des Weiteren untermauern diese Merkmale, dass moderne Organisations- und Managementkonzepte Aspekte wie Ganzheitlichkeit, Anforderungsvielfalt, selbstverantwortliche Aufgabenerfüllung, Entscheidungsspielräume und Selbstverantwortlichkeit bewusst einführen um auf diesem Weg ArbeitnehmerInnen eine gewisse „intrinsische Motivation" vorgeben, welche letztendlich persönliches Engagement für Zwecke der Organisation fördern soll. Dieses Managementkonzept zielt darauf ab, dass ArbeitnehmerInnen ihre Arbeitskraft effektiver und effizienter einsetzen sollen, was jedoch mit Sicherheit ein gewisses Maß an Konkurrenzdruck und erhöhte psychische Belastung für den Einzelnen mit sich bringt.[81]

---

[80]Vgl. Senghaas-Knobloch, Eva (2008): Wohin driftet die Arbeitswelt? Wiesbaden, Verlag für Sozialwissenschaften, S: 39f.
[81]Vgl. Senghaas-Knobloch, Eva (2008): Wohin driftet die Arbeitswelt? Wiesbaden, Verlag für Sozialwissenschaften, S: 40.

4.2. Autonomie in der modernen Arbeitswelt

Mangelnde Autonomie war schon ein zentraler Kritikpunkt der fordistisch geprägten Industriegesellschaft. Dieser Thematik fällt durch den Wandel zur Informationsgesellschaft und der damit einhergehenden Flexibilisierung und Modernisierung der Arbeitswelt eine noch wichtigere Rolle zu.

Autonomie oder Selbstbestimmung bedeutet, dass der Mensch sich selbst zu verwirklichen versucht indem dieser frei von äußeren und sozialen Zwängen handelt, seinem Identitätsinteresse einen Inhalt gibt, die Fähigkeit ein reflexives Selbstverständnis auszubilden, auf dessen Basis die betreffende Person ihre Bedürfnisse und Antriebe angesichts übergeordneter Prinzipien und Werte einschätzt und überträgt.[82]

Aufgrund moderner Kommunikationstechniken und neuen Managementkonzepten wird Autonomie Arbeitnehmern heute mehr oder weniger abverlangt, dabei bleibt die Organisation und Regelung der Arbeits- und Lebensbereiche immer mehr den einzelnen ArbeitnehmerInnen selbst überlassen. Autonomie oder auch Selbstbestimmung kann sich dabei auf mehreren Ebenen abspielen: auf die zeitliche und räumliche Organisation von Arbeit, auf die Gestaltung des Arbeitsinhaltes und vor allem auf das Management der Koordination von Arbeits- und Privatsphäre. Durch die zunehmenden Prozesse der Entgrenzung von Arbeit wird dieser Trend weiter fortgesetzt.[83]

In der modernen Arbeitswelt, welche anstatt geleisteter Arbeitskraft oder Arbeitszeit auf der Leistungsmessung am Ergebnis orientiert ist kommt auf den Einzelnen die Aufgabe hinzu auf welche Art und Weise sowohl die berufliche- als auch die private Sphäre koordiniert werden können. Sollen dabei alltägliche Arrangements innerhalb der beruflichen und außerberuflichen Tätigkeiten organisiert werden, bedarf es einer individuellen Selbstbeobachtung und -organisation. In diesem Zusammenhang werden in der Soziologie die Ausdrücke „erweiterte Selbstkontrolle", „verstärkte Selbst-Ökonomisierung" und „syste-

---

[82]Vgl. Sichler, Ralph (2006), Autonomie in der Arbeitswelt, Göttingen, Vandenhoeck & Ruprecht GmbH & Co. KG, S. 12.
[83]Vgl. Sichler, Ralph (2006), Autonomie in der Arbeitswelt, Göttingen, Vandenhoeck & Ruprecht GmbH & Co. KG, S. 7.

matische Selbst-Rationalisierung" in Verbindung mit einer „Verbetrieblichung der Lebensführung" diskutiert.[84]

Durch die daraus resultierende Subjektivierung von Arbeit, welche für eine erweiterte Selbstbestimmung steht, entspricht die auf den ersten Blick stattfindende Erweiterung der persönlichen Autonomie in Wahrheit eher einer kontrollierten Autonomie. Auf Grund der wachsenden Ökonomisierung aller Unternehmensabläufe und der damit einhergehenden Vermarktung von Arbeit wird unter dem Deckmantel einer möglichen Selbstentfaltung aus unternehmerischer Sicht ein erweiteter Zugriff aus das Arbeitsvermögen der ArbeitnehmerInnen verstanden, welcher schlussendlich zu einer gänzlichen Vereinnahmung durch die Unternehmen führt.[85]

„Individuelle Lebensführung verweist auf das Streben nach Autonomie und das individuelle Vermögen, den Raum des selbstbestimmten Handelns durch ein Erkennen und Bearbeiten einengender Faktoren zu erweitern. Dazu gehört auch, dass Menschen einen Sinn für das entwickeln, was Ihnen hilft mit sich selbst eins sein zu können [...]. In der postfordistischen Welt der Erwerbsarbeit wird dies zu einer heiklen Herausforderung für die Einzelnen."[86]

Tabelle 1: Formen der Steuerung von Arbeit mit erweiterter "Selbstorganisation"[87]

Im Rahmen konventioneller Beschäftigungsverhältnisse:	Im Rahmen betriebsübergreifender Arbeitsbeziehungen:
- Gruppen- und Teamarbeit - Führung durch Zielvereinbarungen - Center-Konzepte (Profit-, Cost-Center) - Hoch flexibilisierte Arbeitszeiten - Neue Formen computervermittelter Heim- und Mobilarbeit usw.	- Auslagerung auf Scheinselbstständige - Kooperation mit Selbstständigen (Freiberufler) - Virtuelle Betriebe

---

[84]Vgl. Senghaas-Knobloch, Eva (2008): Wohin driftet die Arbeitswelt? Wiesbaden, Verlag für Sozialwissenschaften, S: 46f.
[85]Vgl. Frey, Michael (2009): Autonomie und Aneignung in der Arbeit. In: Voß, Günter (Hrsg.): Arbeit und Leben im Umbruch. Band 18, Berlin, Rainer Hampp Verlag, S. 13f.
[86]Senghaas-Knobloch, Eva (2008): Wohin driftet die Arbeitswelt? Wiesbaden, Verlag für Sozialwissenschaften, S: 48.
[87]Pongratz, Hans J./ Voß, Günter (2004): Typisch Arbeitskraft- Unternehmer? Berlin, edition sigma, S. 10.

Mit dem Wandel von der Industrie- zur Informationsgesellschaft scheint auch ein Wandel von der gezielten Reduzierung von Kontrolle hin zur Förderung der Selbstbestimmung zu erfolgen. Auf Grund der Verlagerung der erbrachten Arbeitsleistung auf Vorgaben von Leistungsbedingungen und Leistungszielen findet eine zentrale Steuerung nach wie vor statt, nur dass diese im Gegensatz zu einer ehemals direkten Arbeiterkontrolle nun indirekt durchgeführt wird. Die Arbeitssteuerung und Kontrolle, welche früher Aufgaben des führenden Managements waren werden im zunehmenden Ausmaß von den Beschäftigten selbst übernommen. Durch diese vermeintliche Erweiterung der Autonomie wird den ArbeitnehmerInnen jedoch ein gewisses Maß an Leistungsdruck aufgebürdet, was in Folge zu Stress- und Überbelastungen, durch den damit einhergehenden wachsenden Konkurrenzkampf innerhalb der ArbeitnehmerInnen, führen kann. ArbeitnehmerInnen betrachten sich mehr und mehr als Teil eines globalen Marktes in der sich jede/r Einzelne behaupten muss um zukünftig erfolgreich zu sein. Diese Entwicklung hat mitunter dazu beigetragen, dass ein neuer Typus von Arbeitskraft – der Arbeitskraftunternehmer - immer häufiger in Erscheinung tritt, was durch die steigende Zahl der Selbständigen bekräftigt wird. [88]

4.3. Entgrenzung von Arbeit und Leben

Bedingt durch den technologischen Fortschritt hat sich die Arbeitswelt grundlegend verändert. Vor allem neue Generationen, welche in den Arbeitsmarkt einsteigen und darüber hinaus noch als WissensarbeiterInnen beschäftigt sind können sich eine moderne Arbeitswelt ohne Laptop, Mobiltelefon und Internet kaum mehr vorstellen. Durch diese immer schneller agierende Arbeitswelt, in der sich Beschäftigte immer mehr dem vom Unternehmen auferlegten Konkurrenzdruck hingeben, begreifen sich die einzelnen ArbeitnehmerInnen immer mehr als Teil eines weltweiten Marktes indem ausschließlich Angebot und Nachfrage die bestimmenden Faktoren sind und über Erfolg oder Misserfolg entscheiden. Durch neue Technologien und den Web 2.0 Diensten, welche diese Entwicklung weiter forcieren, ist es möglich immer und überall zu arbeiten. Aus dieser Möglichkeit heraus und

---

[88] Vgl. Pongratz, Hans J./ Voß, Günter (2004): Typisch Arbeitskraft- Unternehmer? Berlin, edition sigma, S. 11.

mit dem Hintergrund des steigenden Konkurrenzkampfes obliegt es jeder Person selbst die Grenzen zwischen Berufs- und Privatleben zu ziehen.[89]

Die Thematik der Entgrenzung bezeichnet dabei ein zentrales Merkmal des gegenwärtigen sozioökonomischen Wandels. Damit werden die bis vor kurzen geltenden konstitutiven gesellschaftlichen Grenzziehungen in Frage gestellt. Dieser Veränderungsprozess findet in der Theorie der „reflexiven Modernisierung" ihren Niederschlag.[90]

Die Theorie der reflexiven Modernisierung besagt „einen Metawandel, in dem sich die Koordinaten, Leitideen und Basisinstitutionen einer bestimmten, längere Zeit stabilen Formation westlicher Industriegesellschaften und Wohlfahrtsstaaten verändern".[91]

Wesentliches Merkmal der Theorie der reflexiven Moderne ist, dass bedingt durch die Zerrüttung gewachsener Grenzen in der Industriegesellschaft, die moderne Arbeitswelt von ArbeitnehmerInnen ein individuelles Entscheiden verlangt, welches neue Ab- und Eingrenzungspraktiken zur Folge hat. Betriebliche Strategien, wie der vermehrte Einsatz von Social Software zur Förderung der Dezentralisierung in Unternehmen und die Fokussierung auf Projekt- bzw. Teamarbeit , zielen auf eine klare Entgrenzung der Arbeit ab, welche jedoch unmittelbar eine Entgrenzung auf die persönliche Lebenswelt hat. Damit unterliegt nicht nur der Bereich der Berufswelt einer steten Rationalisierung sondern auch jener der privaten Lebenswelt.[92]

Diese bedeutenden Veränderungen der Arbeitswelt in den Industrie und- Wohlfahrtstaaten, welche durch die Wandlung von der fordistischen Industriegesellschaft zur Informations- und Wissensgesellschaft ausgelöst wurde und auf den Einsatz moderner Kommunikationstechniken aufbaut, kann in mehreren Dimensionen betrachtet werden. Die Entgrenzung der

---

[89]Vgl. Von Streit, Anne (2011): Entgrenzter Alltag – Arbeiten ohne Grenzen?, Bielefeld, transcript Verlag, S. 13.
[90]Vgl. Von Streit, Anne (2011): Entgrenzter Alltag – Arbeiten ohne Grenzen?, Bielefeld, transcript Verlag, S. 20.
[91]Beck, Ulrich/ Lau, Christoph/ Bonß, Wolfgang (2001): Theorie reflexiver Modernisierung – Fragestellungen und Hypothesen. In: Fricke, Werner (Hrsg.): Jahrbuch Arbeit und Technik 2001/2002. Bonn, S. 265-299.
[92]Vgl. Von Streit, Anne (2011): Entgrenzter Alltag – Arbeiten ohne Grenzen?, Bielefeld, transcript Verlag, S. 20ff.

Arbeit ist dabei in die Entgrenzung der Arbeitszeit, auf flexible Beschäftigungsformen, die Entgrenzung von Raum und die Subjektivierung von Arbeit zu untergliedern.[93]

4.3.1. Die Entgrenzung von Arbeitszeit

Entscheidend bei der Flexibilisierung der Arbeitszeiten sind einerseits deren Verteilung und andererseits die Dauer und die Lage. Bezüglich der Verteilung gelten vor allem Abend-, Nacht-, Samstags- und Sonntagsarbeit als unsozial, da die private Zeit immens erschwert und minimiert wird. Auf Grund des zunehmenden Dienstleistungssektors, der sogenannten Tertiärisierung, haben sich die Arbeitszeiten tendenziell in Richtung Rund-um-die-Uhr-Gesellschaft entwickelt.[94]

Tabelle 2: Anteil unselbständigen Erwerbstätiger mit Turnus-/ Schicht-/ Wechseldiensten an allen unselbständigen Erwerbstätigen, in Prozent[95]

	1998	2003	2006	2008
Männer	16,4	19,2	19,6	20,1
Frauen	13,8	15,2	15,6	17,1
Gesamt	15,3	17,5	17,7	18,9

Anhand des Zahlenmaterials aus Tabelle 1 ist die konstante Zunahme, an den als unsozial geltenden Arbeitszeiten, klar ersichtlich. Prozentuell gesehen ist der Anteil unselbstständiger männlicher und weiblicher Erwerbstätigen in Turnus-, Schicht- und Wechseldiensten innerhalb von zehn Jahren um rund 25 Prozent gestiegen. Österreich liegt im internationalen Vergleich mit den EU-15 (14,6%) mit zirka 29 Prozent über dem Durchschnitt und mit etwa 10 Prozent über dem Durchschnitt der EU-27 (17,1%).[96]

---

[93]Vgl. Von Streit, Anne (2011): Entgrenzter Alltag – Arbeiten ohne Grenzen?, Bielefeld, transcript Verlag, S. 25.
[94]Vgl. Von Streit, Anne (2011): Entgrenzter Alltag – Arbeiten ohne Grenzen?, Bielefeld, transcript Verlag, S. 26f.
[95]Eigene Darstellung. Quelle: Bundesministerium für Arbeit, Soziales und Konsumentenschutz (2011): Überblick über Arbeitsbedingungen in Österreich. URL: https://broschuerenservice.bmask.gv.at/PubAttachments/Ueberblick%20ueber%20Arbeitsbedingungen%20in%20%20Oesterreich.pdf (dl: 10.07.2012).
[96]Bundesministerium für Arbeit, Soziales und Konsumentenschutz (2011): Überblick über Arbeitsbedingungen in Österreich. URL: https://broschuerenservice.bmask.gv.at/PubAttachments/Ueberblick%20ueber%20Arbeitsbedingungen%20in%20%20Oesterreich.pdf (dl: 10.07.2012).

Bezüglich der Dauer der Arbeitszeit lässt sich feststellen, dass sich die im Vergleich zu Beschäftigten anderer Qualifikationsgruppen ohnehin schon durchschnittlich länger arbeitenden Höherqualifizierten, mit einer steigenden Kluft zwischen vertraglich vereinbarten und tatsächlicher Wochenarbeitszeit auseinander setzen müssen. Dem größten Wandel unterliegt jedoch die Verteilung der Arbeitszeit von einer gleichförmigen zu einer variablen. Dabei können Unternehmen durch die Einführung von flexiblen Arbeitszeiten - wie einer variablen Wochenarbeitszeit, der Telearbeit, Arbeitszeitkonten und Gleitzeiten - Kosten senken und die Produktivität steigern indem ArbeitnehmerInnen konjunkturabhängig eingesetzt werden.[97]

Eine weitere Form der Flexibilisierung betrifft jene Beschäftigte, welche über keine vertragliche Vereinbarung über die Dauer der Arbeitszeit verfügen. In der Bundesrepublik Deutschland befanden sich im Jahr 2005 bereits etwa 8% der Beschäftigten in einer sogenannten Vertrauensarbeitszeit, wobei die Tendenz steigend ist. Für Österreich liegen diesbezüglich keine aktuellen Daten zu Verfügung.[98]

Wesentliche Merkmale der Vertrauensarbeitszeit (VAZ), welche in neueren Managementstrategien hohe Verbreitung findet sind:

- keine arbeitsrechtliche Definition der VAZ sowohl in gesetzlichen als auch in kollektivvertraglichen Regelungen,
- keine Arbeitszeitkontrolle seitens des Arbeitgebers,
- eigenverantwortliche Arbeitszeitgestaltung, ArbeitnehmerInnen entscheiden selbst, wann, wo und wie viel sie arbeiten,
- Ergebnis- statt Zeitorientierung,
- gegenseitiges Vertrauen, Unternehmen und Mitarbeiter vertrauen darauf, dass VAZ zum Vorteil beider Seiten gelebt wird.[99]

---

[97]Vgl. Von Streit, Anne (2011): Entgrenzter Alltag – Arbeiten ohne Grenzen?, Bielefeld, transcript Verlag, S. 28.
[98]Vgl. Von Streit, Anne (2011): Entgrenzter Alltag – Arbeiten ohne Grenzen?, Bielefeld, transcript Verlag, S. 28.
[99]Vgl. Deloitte Consulting GmbH (2011): Arbeitszeiten kann man regeln, Vertrauen muss man sich erarbeiten, Vertrauensarbeitszeit in der Praxis. URL: http://www.deloittehumancapital.at/wp-content/Unterlagen-Kundendialog-Vertrauensarbeitszeit.pdf (dl: 10.07.2012).

Unternehmer müssen arbeitsrechtlich lediglich darauf achten, dass die ArbeitnehmerInnen die gesetzlich vorgeschriebene Höchstarbeitszeitgrenzen gemäß § 9 Abs 1 Arbeitszeitgesetz (AZG) nicht überschreiten. Dabei kann der Arbeitgeber laut AZG den Arbeitnehmern delegieren, dass diese selbstständig eine Arbeitszeiterfassung führen und mit Hilfe von modernen Kommunikationstechniken orts- und zeitunabhängig dokumentiert werden. Zulässige Höchstgrenzen laut AZG sind zehn Arbeitsstunden täglich und fünfzig Arbeitsstunden in der Woche, wobei Überstunden möglich und in sogenannten „All-in-Vereinbarungen" sogar schon im Vorfeld geregelt sind. Arbeitsrechtlich ist bei der Einführung von VAZ- Modellen zu beachten, dass diese in jedem Fall durch einen Einzeldienstvertrag zu erfolgen haben und ein Abschluss über eine Betriebsvereinbarung nicht möglich ist.[100]

Laut Arbeiterkammer Oberösterreich ist der von Managementstrategien geforderte gänzliche Verzicht auf Arbeitszeiterfassung unzulässig. Des Weiteren ist die von den Unternehmen oft geforderte VAZ mit dem österreichischen Arbeitszeit- und Arbeitsruherecht unvereinbar.[101]

Im Rahmen einer MitarbeiterInnen Fokusgruppe zur Einführung einer VAZ im Jahr 2011 durch die Firma Deloitte Consulting GmbH, wurden seitens der ArbeitnehmerInnen folgende Befürchtungen geäußert: Einerseits gaben die MitarbeiterInnen an, dass die Übersicht über die geleistete Arbeitszeit verloren gehen könnte und dadurch ein Burnout-Syndrom und die Vernachlässigung der Familie droht. Andererseits wurde die Meinung vertreten, dass die Führungskraft darauf achten sollte, wie viel jeder Beschäftigte arbeitet, denn auch wenn ArbeitnehmerInnen viel leisten und arbeiten ist im Endeffekt jede/r Einzelne für sein eigenes Glück verantwortlich und nicht die Führungskraft.[102]

---

[100]Vgl. Deloitte Consulting GmbH (2011): Arbeitszeiten kann man regeln, Vertrauen muss man sich erarbeiten, Vertrauensarbeitszeit in der Praxis. URL: http://www.deloittehumancapital.at/wp-content/Unterlagen-Kundendialog-Vertrauensarbeitszeit.pdf (dl: 10.07.2012).
[101]Vgl. Arbeiterkammer Oberösterreich: Arbeitszeit. URL: http://www.arbeiterkammer.com/online/arbeitszeit-45351.html#E272752 (dl: 11.07.2012).
[102]Vgl. Deloitte Consulting GmbH (2011): Arbeitszeiten kann man regeln, Vertrauen muss man sich erarbeiten, Vertrauensarbeitszeit in der Praxis. URL: http://www.deloittehumancapital.at/wp-content/Unterlagen-Kundendialog-Vertrauensarbeitszeit.pdf (dl: 10.07.2012).

Durch die zunehmende Auflösung des Normalarbeitsverhältnisses, vor allem durch neue Arbeitszeitregelungen wie der VAZ, Arbeitszeitkonten oder Gleitzeit wird die Arbeitszeitgestaltung den ArbeitnehmerInnen mehr und mehr selbst überlassen.

„Auch diese Befunde lassen sich als Entgrenzungsphänomen verstehen, da Arbeitstage und –zeiten weniger verbindlich festgeschrieben werden und Gestaltungsmöglichkeiten bzw. -zwänge für den Arbeitnehmer entstehen. So scheint es als selbstverständlicher zu werden, dass zumindest höher qualifizierte Angestellte Unterlagen mit nach Hause nehmen und abends bzw. am Wochenende arbeiten, ohne dies als Arbeitszeit zu werten. Eine solche Entscheidung ist nun nicht mehr von den Bedingungen des Arbeitsvertrages abhängig sondern unterliegt der individuellen Entscheidung und Grenzziehung."[103]

Durch die voranschreitende Abkehr von der Normalarbeitszeit hin zu einer zeitlichen Flexibilisierung von Erwerbsarbeit, beispielsweise durch die extremste Form der VAZ, kommt es in der modernen Arbeitswelt zu einer Entstandardisierung und Auflösung der jahrzehntelang gewachsenen Grenzen zwischen Berufs- und Privatwelt. Die Koordination und somit die Grenzziehung zwischen diesen beiden Welten obliegt dem einzelnen Arbeitnehmer, wobei die Grenzen nicht immer klar auszumachen sind, da in der Wissensgesellschaft der Laptop oftmals das Büro ersetzt und in Folge zeit- und raumunabhängig gearbeitet wird. Darüber hinaus ist die mit Hilfe von modernen Kommunikationstechniken mögliche individuelle Arbeitszeiterfassung nur schwer kontrollierbar. Die Kontrolle, ob die gesetzlich vorgeschriebenen Höchstarbeitszeiten tatsächlich eingehalten werden, liegt alleine bei den einzelnen ArbeitnehmerInnen, wobei durch die Bemessung des Arbeitserfolgs an der erbrachten Leistung davon ausgegangen werden kann, dass diese Grenzen vor allem bei den höher Qualifizierten nur selten eingehalten werden.

---

[103] Hacket, Anne/ Janowicz, Cedric/ Kühnlein, Irene (2004): Erwerbsarbeit, bürgerliches Engagement und Eigenarbeit. In: Beck, Ulrich/ Lau, Christoph (Hrsg.) Entgrenzung und Entscheidung: Was ist neu an der Theorie reflexiver Modernisierung?, Frankfurt a. Main, S. 288.

4.3.2. Entgrenzung von Raum

Eine weitere Dimension der Entgrenzung von Arbeit und Leben betrifft die Flexibilisierung des Raums. Dabei ist festzustellen, dass im Gegensatz zur ehemals fordistisch geprägten Arbeitswelt, in welcher die Arbeit vor Ort erfolgen musste, mit modernen Arbeitsformen eine gewisse Ortsunabhängigkeit einhergeht. Mit Hilfe von Laptops, Mobiltelefonen, Internet und Web 2.0 Diensten haben sich die räumlichen Arbeitsbezüge verändert. Durch die damit entwickelte Unabhängigkeit von fixen Büros und der Möglichkeit in öffentlichen oder sogar privaten Räumen der Erwerbsarbeit nachzugehen gerät eine weitere Grenzziehung in Bewegung, jene zwischen Arbeits- und Wohnort.[104]

Vor allem bei der Entgrenzung von Raum kommt den neuen Informations- und Kommunikationstechnologien eine besondere Bedeutung zu, denn diese sind Voraussetzung damit räumliche Entgrenzungsprozesse in erster Linie überhaupt stattfinden können. Moderne Kommunikationstechniken sind mittlerweile im Bereich der Büro- und Informationsarbeit nicht mehr wegzudenken. Diese beinhalten einerseits die notwendige Hardware wie Computer und Mobiltelefone, welche in ihrer Funktion als Informations- und Kommunikationsmedien dienen und andererseits die dazugehörige Software. Darunter werden E-Mailprogramme, firmeneigenes Intranet und die in letzter Zeit immer populärer werdenden Social Software Anwendungen verstanden, mit deren Hilfe Videokonferenzen, aktueller Informationsaustausch und eine kollaborative Arbeitsweise ermöglicht werden. Diese auf Gruppenarbeit fokussierten Systeme werden unter dem Fachbegriff „Computer-supported-cooperative-work-Systeme" zusammengefasst. Durch die Verwendung dieser Technologien werden den Unternehmen neue Möglichkeiten geboten Arbeit zu kontrollieren und Arbeitsprozesse neu zu strukturieren. Als Konsequenz dieser Entwicklung wird die Auflösung von räumlichen, zeitlichen und organisatorischen Restriktionen in der Arbeitsausführung angesehen.[105]

---

[104]Vgl. Von Streit, Anne (2011): Entgrenzter Alltag – Arbeiten ohne Grenzen? Bielefeld, transcript Verlag, S. 32.
[105]Vgl. Von Streit, Anne (2011): Entgrenzter Alltag – Arbeiten ohne Grenzen? Bielefeld, transcript Verlag, S. 33.

Tabelle 3: Verbreitung von Informations- und Kommunikationstechnologien, in Prozent[106]

Unternehmen mit…	2001	2002	2003	2004	2005	2006	2007	2008	2009
PC- Nutzung	93	93,5	96,4	96,4	96,3	98,4	98,1	98,4	98,8
Internetzugang	84,6	85,4	90,6	94,1	94,4	97,6	97,1	97,3	98,4
Webseite	54,4	64,6	70,5	74	73,2	80,5	81,1	82,1	82,1
Haushalte mit…									
Internetzugang					46,7	52,3	59,6	68,9	68,9

Die wachsende Bedeutung des Internets und der damit verbunden verschiedensten Einsatzmöglichkeiten, wie den Web 2.0 Anwendungen, haben im Laufe der letzten Jahre kontinuierlich zugenommen. Nutzten im Jahr 2001 immerhin schon 93 Prozent aller Unternehmen in Österreich einen Computer stieg die Zahl bis ins Jahr 2009 auf 98,8 Prozent und wurde somit in fast allen Unternehmen eingesetzt. Firmeneigene Webseiten zur Vermarktung, Kommunikation und zum Verkauf von Produkten stiegen im Zeitraum von 2001 bis 2009 um etwa 51 Prozent. Der Anstieg der Internetzugänge, welche in Unternehmen innerhalb von 9 Jahren um zirka 16 Prozent auf 98,4 Prozent anstieg, wuchs im Zeitraum von 2005 bis 2009 in den privaten Haushalten um 46 Prozent auf beachtliche 68,9 Prozent. Diese Daten spiegeln die Tatsache wieder, dass das Internet und der Computer bzw. Laptop mit samt aller Software Anwendungen als gesellschaftliches Leidmedium angesehen werden können, welche aus dem beruflichen und privaten Alltag nicht mehr wegzudenken sind.

---

[106]Quelle: Statistik Austria (2009): IKT- Einsatz in Unternehmen 2009. URL: http://www.statistik.at/web_de/suchergebnisse/index.html?suchquerya=Informationstechnologien&n0=1&n1=1&n2=1&n3=1&n4=1&n5=1&n7=1&n6=1 (dl: 11.07.2012).

Auf Grund der großen Ausbreitung der Internetnutzung in Unternehmen und in privaten Haushalten kommt es für ArbeitnehmerInnen vermehrt zu räumlichen Entgrenzungsprozessen. In Folge fördert dies eine steigende Ortsunabhängigkeit von Arbeit auf betrieblicher Ebene, die für ArbeitnehmerInnen eine erhöhte Mobilitätsanforderung mit sich bringt. Des Weiteren bedeutet die wachsende Unabhängigkeit, dass es zu einem Bedeutungswandel von Räumen auf der Mikroebene kommt. Die räumliche Entgrenzung von Arbeit für Individuen spielt sich dabei in vier unterschiedlichen Bereichen ab:

1) mobile Arbeit,
2) Arbeit zu Hause,
3) virtuelle Betriebe,
4) steigende Mobilitätsanforderungen wie Pendeln, Geschäftsreisen, wechselnde Einsatzorte.[107]

Die Entwicklung hin zur Arbeit unabhängig vom Betrieb oder dem Büro ist hauptsächlich auf neue Informations- und Kommunikationstechnologien zurückzuführen. Diese Technologien, ermöglichen Datentransfers und Kommunikation über eine räumliche Distanz und in Echtzeit. Diese neue Form der Arbeit wird in den soziologischen, wirtschaftswissenschaftlichen und geographischen Debatten unter dem Stichwort „Telearbeit" diskutiert und in Kapitel 5.4 näher erläutert.[108]

---

[107]Vgl. Von Streit, Anne (2011): Entgrenzter Alltag – Arbeiten ohne Grenzen? Bielefeld, transcript Verlag, S. 37f.
[108]Vgl. Reichwald, Ralf et al (2000): Telekooperation – Verteilte Arbeits- und Organisationsformen. München, Springer Verlag, S. 88f.

4.3.3. Die Subjektivierung von Arbeit

Unter dem Begriff Subjektivierung von Arbeit wird eine persönliche Bewältigungsform verstanden, mit welcher ArbeitnehmerInnen versuchen ihre persönlichen Bedürfnisse und Sinnansprüche mit ihrem Arbeitsalltag zu vereinbaren. Die Konzepte des Fordismus und Taylorismus beruhen auf einer sogenannten instrumentellen Arbeitsorientierung, mit der ArbeitnehmerInnen mit Hilfe von wohldosierten Lohnanreizen zu Gehorsam und einer produktiven Arbeitsweise bewegt werden sollten. Die subjektive Bedeutung des Arbeitslohns hatte zur Folge, dass ArbeitnehmerInnen auch negative industrielle Arbeitsbedingungen in Kauf nahmen, da ihre Mühen mit Entgelt abgegolten wurden, was den ArbeitnehmerInnen erlaubte, damit eigene Ziele zu befriedigen. Es war also schon im Konzept der instrumentellen Arbeitsorientierung ein Zusammenhang zwischen Bedürfnissen und Arbeitsmotivation zu erkennen[109]

Erst durch die humanistische Psychologie, welche Maslow (1974) und Herzberg (1968) prägten, wurde den Bedürfnissen in der Arbeits- und Organisationsforschung mehr Beachtung geschenkt. Herzbergs These basierte darauf, dass eine wirkliche Motivation, welche dem Unternehmen dauerhafte Leistungsverbesserung garantiere ausschließlich durch intrinsische Motivation, die wiederum eng an den vorgegebenen Inhalt der Arbeitsaufgabe gekoppelt ist, herbeizuführen ist. Diese These findet sich auch in den modernen Managementkonzepten wieder, die durch die gezielte Entgrenzung der Arbeit auf mehr Selbstbestimmung und persönliches Engagement setzen und somit bewusst intrinsische Motivationen hervorrufen, wobei die Arbeitsleistung letztlich, wie schon im Fordismus, von den Vorgesetzten kontrolliert wird.[110]

Die zunehmende Subjektivierung von Arbeit bringt ein größeres Maß an Selbstorganisation mit sich und ist begleitet von einer scheinbaren Erweiterung der eigenen Autonomie. Dies hat für ArbeitnehmerInnen zur Folge, dass diese ihre Arbeit nicht nach eigenem Entscheiden selbst organisieren können, sondern dies viel mehr müssen. Eine solche Subjektivierung von Arbeit begrenzt daher die eigenen Gestaltungsräume zunehmend und

---

[109]Vgl. Senghaas-Knobloch, Eva (2008): Wohin driftet die Arbeitswelt? Wiesbaden, Verlag für Sozialwissenschaften, S: 71f.
[110]Vgl. Senghaas-Knobloch, Eva (2008): Wohin driftet die Arbeitswelt? Wiesbaden, Verlag für Sozialwissenschaften, S: 72f

bringt nicht wie geglaubt neue Freiheiten. Vielmehr erhöht es den Leistungsdruck auf die einzelnen ArbeitnehmerInnen.[111]

Dieser Veränderungsprozess in der Betriebs- und Arbeitsorganisation kann aber trotzdem als doppelter Prozess verstanden werden, da dieser nicht nur von den Betrieben getragen wird. Dies basiert darauf, dass zwar die Beschäftigten explizit aufgefordert sind ihre Arbeit selbst zu organisieren und Eigenschaften wie Flexibilität, Kooperationsbereitschaft und Empathie einzubringen. Durch diese Veränderung bietet die Chance sich selbst mehr in den Arbeitsprozess einzubringen. Bis zu einem gewissen Grad tragen ArbeitnehmerInnen dadurch selbst zum Prozess der Subjektivierung von Arbeit bei.[112]

Waren in vergangenen Jahrzehnten Werte wie Gehorsam, Ordnung und Fleiß in der Arbeitswelt vorherrschend werden diese zunehmend durch Freiheit, Entfaltungsmöglichkeiten, Gleichheit und Lebensgenuss abgelöst. Dieser Wandel der Arbeitswerte und – motivationen zeigt, dass bei ArbeitnehmerInnen der Wunsch nach einer gleichberechtigten Verbindung von Arbeit und Leben eine wichtigere Rolle spielt. Arbeit dient demnach nicht mehr wie in fordistischen Zeiten einer reinen Befriedigung der eigenen Bedürfnisse durch den Lohn, sondern hat sich vielmehr zu einem eigenen Lebensbereich entwickelt in dem ArbeitnehmerInnen sich entfalten können und an den Ansprüche gestellt werden. Damit sollen die subjektiven Bedürfnisse befriedigt werden.[113]

4.4. Flexible Beschäftigungsformen

Obwohl das Normalarbeitsverhältnis zahlenmäßig nach wie vor die absolut und relativ dominierende Erwerbsform ist, zeichnet sich jedoch eine klare Tendenz hin zu nichtstandardisierten Erwerbsformen, wie befristete Beschäftigungen, Teilzeit und Selbstständigkeit ab. Ausschlaggebende Gründe für diese Entwicklung sind die zunehmende Tertiärisierung,

---

[111] Vgl. Pongratz, Hans J./ Voß, Günter (2004): Typisch Arbeitskraft- Unternehmer? Berlin, edition sigma, S. 10.
[112] Vgl. Von Streit, Anne (2011): Entgrenzter Alltag – Arbeiten ohne Grenzen? Bielefeld, transcript Verlag, S. 44f.
[113] Vgl. Von Streit, Anne (2011): Entgrenzter Alltag – Arbeiten ohne Grenzen? Bielefeld, transcript Verlag, S. 46.

die stark gestiegene Erwerbsbeteiligung von Frauen und die Flexibilisierung in der Produktion.[114]

Tabelle 4: Teilzeitquote von 2004 bis 2010, in Prozent[115]

	2004	2006	2008	2010
Männer	4,8	6,5	8,1	9,0
Frauen	37,8	40,2	41,5	43,8
Gesamt	19,7	21,8	23,2	25,2

Wie in Tabelle 4 deutlich erkennbar steigt der Anteil an Teilzeitbeschäftigten in Österreich sowohl bei Männern als auch bei Frauen seit Jahren kontinuierlich an. Waren im Jahr 2004 nur 4,8 Prozent der männlichen Erwerbstätigen teilzeitbeschäftigt, waren es im Jahr 2010 schon 9,0 Prozent. Dies entspricht einer Steigerung von fast 90 Prozent. Im gleichen Zeitraum stieg der Anteil der Frauen in einer Teilzeitbeschäftigung um etwa 16 Prozent auf insgesamt 43,8 Prozentpunkte. Alles in allem ist der Anteil an Teilzeitbeschäftigten in einem Vergleichsraum von sechs Jahren um zirka 30 Prozent gestiegen.

Tabelle 5: Selbständige und Mithelfende von 2004 bis 2010, in Prozent[116]

	2004	2006	2008	2010
Männer	14,1	14,9	15,2	15,9
Frauen	9,8	10,9	11,2	11,3
Gesamt	12,1	13,1	13,4	13,8

Ebenso wie schon bei den Teilzeitbeschäftigten ist auch bei den Selbständigen trotz wirtschaftlicher Krisen ein stetes Wachstum zu verzeichnen. Während der Anteil männlicher Selbständiger im Zeitraum von 2004 bis 2010 um fast 13 Prozent auf 15,9 stieg wuchs der Anteil weiblicher Selbständiger um 15 Prozent auf insgesamt 11,3 Prozent. Der Anteil aller selbständig Beschäftigten unter den Erwerbstätigen stieg von 12,1 Prozent im Jahr 2004 auf 13,8 Prozent im Jahr 2010, was einer Steigerung von etwa 14 Prozent entspricht.

---

[114]Vgl. Von Streit, Anne (2011): Entgrenzter Alltag – Arbeiten ohne Grenzen? Bielefeld, transcript Verlag, S. 30.
[115]Eigene Darstellung, Quelle: Statistik Austria.
[116]Eigene Darstellung, Quelle: Statistik Austria.

Weitere Gründe für den Zuwachs von Selbstständigen ohne Beschäftigte, welche für die Gründung von kleinstbetrieblichen Unternehmen verantwortlich sind, betreffen die Dezentralisierung von Tätigkeiten und die Informatisierung. Vor allem in der Medienbranche und in unternehmensorientierten Dienstleistungen ist diese Entwicklung zu beobachten, wobei in diesen Bereichen hauptsächlich Männer arbeiten. Im Gegensatz dazu sind Frauen überwiegend in personenbezogenen Dienstleistungen sowie in publizistischen und künstlerischen Berufsfeldern tätig. Diese Formen der neuen Selbstständigen werden durch moderne Kommunikationstechniken weiter vorangetrieben. Sie bieten den Einzelnen eine Erwerbsform mit Eigenschaften, die für immer mehr Menschen von Bedeutung sind. Diese Erwerbsformen ermöglichen die Chance auf selbstständiges und eigenverantwortliches Handeln. Jedoch sind damit hohe Anforderungen und unternehmerische Risiken verbunden.[117]

Eine grundlegende Voraussetzung, welche den Wandel zu einer Informationsgesellschaft und zu flexibleren Beschäftigungsformen begünstigt ist der Einsatz von modernen Kommunikationsmitteln. Seit dem Einzug des Internets und im speziellen der Web 2.0 Anwendungen ist es jeder Person leichter und schneller möglich, sich mittels YouTube, Xing, Facebook oder MySpace kostengünstig selbst zu vermarkten und neue Kunden oder Vertriebswege zu akquirieren. Diese Entwicklung kommt auf der einen Seite den neuen Selbstständigen zu Gute, auf der anderen Seite muss jedoch bedacht werden, dass ältere Beschäftigte bei der Einführung von neuen und flexiblen Technologien in Unternehmen zusätzlich fortgebildet werden müssen oder sogar Umschulungen unumgänglich werden könnten.[118]

---

[117]Vgl. Von Streit, Anne (2011): Entgrenzter Alltag – Arbeiten ohne Grenzen? Bielefeld, transcript Verlag, S. 31f.
[118]Vgl. Szydlik, Marc (2008). Flexibilisierung – Folgen für Arbeit und Familie. Wiesbaden, Verlag für Sozialwissenschaften, S. 15.

4.4.1. Telearbeit

Der Begriff Telearbeit wird für alle informations- und kommunikationstechnisch unterstützten Formen dezentraler oder zumindest teilweise dezentraler Arbeit benützt und ist somit klar von der traditionellen Form der Heimarbeit abgrenzbar.[119]

Grundsätzlich lässt sich Telearbeit in fünf Richtungen der räumlichen Dezentralisierung bzw. Entgrenzung untergliedern:

1) Home- Based Telework:
   umfasst alle Formen der Telekooperation, welche ausschließlich von zu Hause aus stattfinden.
2) Center- Based Telework:
   Arbeit in Telearbeitszentren. Dadurch können Pendelzeiten verkürzt bzw. vermieden werden. Ein weiterer Vorteil von Telearbeitszentren ist, dass dadurch eine Arbeitsplatzerhaltung im ländlichen Raum möglich wäre.
3) On- Site Telework:
   dabei handelt es sich um einen temporären Arbeitsplatz direkt beim Kunden bzw. am Standort des Wertschöpfungspartners.
4) Mobile Telework:
   diese Form der Telearbeit ist die in der Praxis am meisten genützte. Es handelt sich dabei um einen beweglichen Arbeitsplatz wie beispielsweise in der Bahn, im Flugzeug oder mit entsprechenden Informations- und Kommunikationstechnologien im Auto.
5) alternierende Telearbeit:
   darunter wird ein Art Mischform von Telearbeit verstanden. Der Arbeitsplatz wechselt dabei zwischen den verschiedenen Arbeitsorten Büro, zu Hause und unterwegs hin und her.[120]

---

[119]Vgl. Von Streit, Anne (2011): Entgrenzter Alltag – Arbeiten ohne Grenzen? Bielefeld, transcript Verlag, S. 38f.
[120]Vgl. Reichwald, Ralf et al (2000): Telekooperation – Verteilte Arbeits- und Organisationsformen. München, Springer Verlag, S. 88f.

Begünstigt durch moderne Kommunikationstechniken und Web 2.0 Anwendungen bieten die verschiedenen Formen der Telearbeit neue Möglichkeiten den Arbeitsalltag zu gestalten. Darüber hinaus sollten den Mitarbeitern neben den Vorteilen, wie zum Beispiel der zeitlichen und örtlichen Flexibilität auch die Nachteile wie etwa das Auflösen der privaten und beruflichen Grenzen bewusst sein.

4.4.2. Der Arbeitskraftunternehmer

Eine weitere noch relativ neue Arbeitsform, welche durch die fortschreitende Flexibilisierung immer mehr an Bedeutung gewinnt, ist jene des Arbeitskraftunternehmers. Darunter wird im Gegensatz zum bisher gewohnten reaktiv agierenden Arbeitnehmer ein zunehmender Aktiverer verstanden. Dieser bietet auch innerhalb eines Unternehmens mehr Leistung an und gestaltet den Arbeitsprozess selbst. Aufgrund dieser Entwicklung kommt es zu einer Vermarktung der eigenen Arbeitskraft als Ware. Der Typus des Arbeitskraftunternehmers ist durch drei wesentliche Merkmale geprägt.[121]

Tabelle 6: Merkmale des Arbeitskraftunternehmers[122]

Selbst- Kontrolle	Verstärkte selbständige Planung, Steuerung und Überwachung der eigenen Tätigkeit
Selbst- Ökonomisierung	Zunehmende aktiv zweckgerichtete „Produktion" und „Vermarktung" der eigenen Fähigkeiten und Leistungen – auf dem Arbeitsmarkt wie innerhalb von Betrieben
Selbst- Rationalisierung	Wachsende bewusste Durchorganisation von Alltag und Lebensverlauf und Tendenz zur Verbetrieblichung von Lebensführung

---

[121] Vgl. Pongratz, Hans J./ Voß, Günter (2004): Typisch Arbeitskraft- Unternehmer? Berlin, edition sigma, S. 12.
[122] Quelle: Pongratz, Hans J./ Voß, Günter (2004): Typisch Arbeitskraft- Unternehmer? Berlin, edition sigma, S. 12.

Im Unterschied zur traditionellen Form des verberuflichten Arbeitnehmers wird der Arbeitskraftunternehmer zum Unternehmer der eigenen Arbeitskraft. Wurden früher Managementstrategien entwickelt um die Produktivität der Arbeitnehmer zu fördern, erfolgt die Steigerung der Transformation von Arbeitskraft in Arbeit nun durch den Arbeitskraftunternehmer selbst. Dabei wird diesem selbst überlassen wie und wo die Leistung erbracht wird. Durch diese vermeintliche Erweiterung der Selbstautonomie wird die Prozesskontrolle, welche durch den Arbeitgeber erfolgte, durch die Selbstkontrolle abgelöst. Selbstkontrolle findet dabei auf den Ebenen des Arbeitsortes, der Arbeitszeiten, der Selbstorganisation von Beruf und Familie und der Fähigkeit zur Eigenmotivation statt.[123]

Der Typus des Arbeitskraftunternehmers bringt sowohl positive als auch negative Aspekte mit sich und ist folglich zwiespältig zu sehen. Positiv zu bewerten ist die Möglichkeit zum selbstbestimmten Arbeiten, ein aktiveres Verhältnis zur eigenen Arbeitskraft und die erhöhte Flexibilität Berufs- und Privatsphäre selbständig zu koordinieren. Einen bedeutend negativen Aspekt betrifft die vermehrte Individualisierung der Erwerbslagen wodurch folgt, dass die kollektive Marktmacht der Arbeitnehmer gegenüber den Arbeitgebern sinkt. Des Weiteren werden sich bei diesem Typus die unterschiedlichen Erwerbslagen häufen, so dass immer mit Phasen des Abstiegs gerechnet werden muss. Im Mittelpunkt des Arbeitskraftunternehmers steht die individuelle Leistungsfähigkeit, welche erbrachte Leistungen auf eine neue Art gesellschaftlich ideologisiert. Dies bedeutet aber auch, dass ein etwaiger Misserfolg als ein individuelles Versagen verstanden wird.[124]

4.5. Work-Life Balance als Lösungsansatz?

Aus der arbeits- und organisationspsychologischen Sichtweise wird unter dem Begriff Work-Life Balance die zunehmende Vermischung des außerberuflichen Lebensbereiches mit dem Beruflichen verstanden. Im Gegensatz dazu behandelt die betriebswirtschaftliche Sichtweise, insbesondere die des Personalmanagements, die Thematik lösungsorientierter. Dabei soll mit Hilfe von verschiedensten Maßnahmen, wie Entspannungsseminaren,

---

[123]Vgl. Minssen, Heiner (2012): Arbeit in der modernen Gesellschaft. Wiesbaden, Verlag für Sozialwissenschaften, S. 109.
[124]Vgl. Minssen, Heiner (2012): Arbeit in der modernen Gesellschaft. Wiesbaden, Verlag für Sozialwissenschaften, S. 110f.

betrieblicher Kinderbetreuung, flexibleren Arbeitszeiten den Arbeitskräften Möglichkeiten geboten werden die Privat- und Berufsphäre individuell gestalten zu können.[125]

Aus Arbeitnehmersicht bedeutet eine erfolgreiche Work-Life Balance die Vereinbarkeit zwischen Berufs- und Privatleben. Es sollen abhängig von den verschiedenen Lebensphasen die jeweils subjektiven Bedürfnisse und Interessen der einzelnen Bereiche wahrgenommen werden. Dadurch soll gewährleistet werden, dass jeder Arbeitnehmer dauerhaft gesund, leistungsfähig, motiviert und ausgeglichen bleibt. Aus Arbeitgebersicht sollen mit Hilfe von Work-Life Balance Strategien den Mitarbeitern bewusst eine Vereinbarkeit von Familie und Beruf geboten werden. Durch verschiedene Maßnahmen sollen Mitarbeiter an ein Unternehmen gebunden werden und darüber hinaus die Attraktivität des Unternehmens gesteigert werden.[126]

Eine strategische Ausrichtung von Personalmaßnahmen mit verstärkter Orientierung an einer Work-Life Balance würde der zunehmenden Flexibilisierung der Arbeitswelt und der damit einhergehenden Entgrenzung von Arbeit und Leben einen zeitgemäßen Lösungsansatz bieten und folgende Wirkungen mit sich bringen:

- gesteigertes kalkulatives, normatives und affektives Commitment,
- infolgedessen Erhalt des spezifischem Wissens im Unternehmen,
- Kosteneinsparung für Wiederbesetzung,
- erhöhte Zufriedenheit der Beschäftigten,
- dadurch gesteigerte Einsatz- und Leistungsbereitschaft,
- erhöhte Produktivität und Wettbewerbsfähigkeit,
- durch insgesamt hohe Mitabeiterbindung,
- Vermeidung von Fachkräftemangel.[127]

Bedingt durch die fortschreitende Abkehr von der Normalarbeitszeit zu flexiblen Arbeitszeitmodellen wie der Gleitzeit, der Vertrauensarbeitszeit oder der Telearbeit wird es

---

[125]Vgl. Kruse, Marcel (2009): Vereinbarkeit von Arbeit und Leben durch betriebliche Work-Life Balance Maßnahmen. Hamburg, Diplomica Verlag, S. 15.
[126]Vgl. Thiele, Sabrina (2009): Work-Life Balance zur Mitarbeiterbindung. Hamburg, Diplomica Verlag, S. 63f.
[127]Vgl. Thiele, Sabrina (2009): Work-Life Balance zur Mitarbeiterbindung. Hamburg, Diplomica Verlag, S. 71.

für Arbeitnehmer immer wichtiger eine ausgewogene Balance zwischen Privat- und Berufsleben herzustellen. Moderne Kommunikationstechniken können dabei die eigene Autonomie über Zeit und Raum erweitern aber auch einschränken. Betriebliche Maßnahmen, wie beispielsweise eine eigene Kinderbetreuungsstätte können hilfreich sein berufliche und private Vorstellungen und Wünsche zu vereinen. Die Entscheidung darüber, welche Maßnahmen und Strategien gewählt werden um eine zufriedenstellende und an den individuellen Wünschen angepasste Work-Life Balance zu erreichen muss jede/r ArbeitnehmerIn für sich entscheiden.

5. Empirische Untersuchung

Die in dieser Untersuchung vorgenommene empirische Untersuchung soll die gewonnen theoretischen Erkenntnisse der Literaturrecherche ergänzen. Dabei werden Betriebsräte aus dem Bankenbereich persönlich in einem zirka zwanzig Minuten dauernden Interview befragt. Das Bankenwesen wurde deshalb gewählt, da in diesem Bereich verstärkt mit modernen Kommunikationstechniken gearbeitet wird.

Unter sozialwissenschaftlicher Forschung wird der Bereich unserer Welt verstanden, welcher durch das menschliche Handeln geschaffen wird. Grundlegendes Ziel der empirischen Sozialforschung ist das menschliche Handeln in seinem Ablauf und in seinen Wirkungen begreiflich zu machen.[128]

5.1. Vorstudie

Als Vorstudie wurde in der vorliegenden Untersuchung die Literaturrecherche gewählt. Diese soll der qualitativ geführten empirischen Untersuchung, welche durch persönliche Interviews geführt wird, zur Aufbereitung und Erweiterung des Wissens dienen. Des Weiteren soll die Vorstudie dabei helfen die Forschungsfrage genauer zu detaillieren.

5.2. Forschungsfrage

Rund um die Forschungsfrage, wie erleben Unternehmen und ArbeitnehmerInnen soziale Netzwerke im beruflichen Alltag und wie gehen diese damit um, sollen weitere Aspekte, die zur Beantwortung dieser Frage notwendig sind behandelt werden. Dabei geht es um positive und negative Entwicklungen wie die Entgrenzung der Arbeits- und Berufswelt, der scheinbaren Erweiterung der eigenen Autonomie und der Möglichkeit neuer Kontrollen durch den Arbeitgeber.

---

[128] Vgl. Gläser, Jochen/ Laudel, Grit (2010): Experteninterviews und qualitative Inhaltanalyse. Wiesbaden, Verlag für Sozialwissenschaften, S. 24.

5.3. Experteninterview

Zur möglichst zielgerechten Beantwortung der Forschungsfrage muss zuerst geklärt werden, welche Person im Unternehmen dazu am besten geeignet ist. Da es Ziel dieser Arbeit ist sowohl die Unternehmensseite als auch die ArbeitnehmerInnenseite im Kontext modernern Kommunikationstechniken und des Web 2.0 Einsatzes zu betrachten, scheint eine Befragung von Betriebsräten am sinnvollsten, da diese in ihrem Aufgabenbereich die Anliegen beider Seiten kennen.

Grundsätzlich stehen zur Datenerhebung in eine empirische Sozialforschung mehrere Techniken zur Auswahl. Die Erhebung und Auswertung von Daten kann mittels persönlichen, schriftlichen oder telefonischen Interviews, qualitativen Befragungen, systematische Beobachtungsverfahren, Inhaltsanalysen von Texten, etc... erfolgen. Im Rahmen dieser Untersuchung werden persönliche Interviews durchgeführt um die Forschungsfrage möglichst zielgerichtet beantworten zu können. Diese werden face-to-face und mit offenen Fragen durchgeführt.[129]

„Das Interview lässt den Befragten möglichst frei zu Wort kommen, um einem offenen Gespräch nahe zu kommen. Es ist aber zentriert auf eine bestimmte Problemstellung, die der Interviewer einführt, auf die er immer wieder zurückkommt. Die Problemstellung wurde vom Interviewer bereits vorher analysiert, er hat bestimmte Aspekte erarbeitet, die in einem Interviewleitfaden zusammengestellt sind und im Gesprächsverlauf von ihm angesprochen werden."[130]

---

[129] Vgl. Diekmann, Andreas (2010): Empirische Sozialforschung - Grundlagen, Methoden, Anwendungen. Hamburg, Rowohlt Taschenbuch Verlag, S. 18.
[130] Mayring, Philipp (2002): Einführung in die qualitative Sozialforschung - Eine Anleitung zu qualitativem Denken. Weinheim und Basel, Beltz Verlag, S. 67.

5.3.1. Interviewleitfaden

Als Erhebungsinstrument ist es die Aufgabe des Interviewleitfadens, dem Interview eine grobe Richtung und einen gewissen Handlungsspielraum zu bieten. Der Leitfaden soll dem Interviewer in jedem Fall eine Entscheidungsfreiheit lassen und in weiterer Folge zur Beantwortung der Forschungsfrage dienen.

„Ein Leitfaden dient vor allem dazu, all jene Themenbereiche, die der Befragte von sich aus angesprochen und erschöpfend behandelt hat, auf der Liste zu streichen. […] Andererseits dient der Leitfaden eben auch dazu, nicht behandelte Gegenstände auszusondern und nachzufragen. Der Leitfaden ist also insgesamt als Gedächtnisstütze und Orientierungsrahmen der allgemeinen Sondierung zu sehen."[131]

Der Leitfaden ist, um dem Interview eine Struktur und eine inhaltliche Reihenfolge zu geben, in drei verschiedene Teilbereiche untergliedert:

I. Social Media im Unternehmen

1) Ist ihr Unternehmen auf Social Media- Plattformen, wie Xing, Facebook, YouTube, etc…aktiv?
2) Gibt es für MitarbeiterInnen eigene Richtlinien (Social Media- Guidelines) für den Umgang mit Web 2.0 Anwendungen?
3) Wird der Zugriff auf Social Media- Plattformen in ihrem Unternehmen gestattet oder verboten. Warum?
4) Gibt es eigenes Personal, welches für Social Media zuständig ist?
5) Werden bei Jobbewerbern Social Media- Plattformen (Xing, Facebook, Google, etc…) zur zusätzlichen Informationsgewinnung verwendet?
6) Nützt ihr Unternehmen Web 2.0 Anwendungen wie Weblogs, Social- Tagging, LinkedIn oder Intranet-Seiten für die interne bzw. externe Kommunikation?

---

[131] Lamnek, Siegfried (1995): Qualitative Sozialforschung – Methoden und Techniken. Weinheim und Basel, Beltz Verlag, S. 77.

7) Glauben Sie, dass das eigene Unternehmen durch die Präsenz in sozialen Netzwerken die Attraktivität gegenüber MitarbeiterInnen oder potentiellen Mitarbeitern erhöht wird?

8) Nützt ihr Unternehmen Xing oder andere Plattformen für die Bewerbung offener Stellen?

9) Welche sozialen Netzwerke nutzen Sie privat, in ihrem Unternehmen oder in ihrer Tätigkeit als Betriebsrat?

II. Rechtliche Betrachtung

10) Wie weit reichen die Kontrollbefugnisse des Arbeitgebers und wie wird reagiert, wenn sich ArbeitnehmerInnen nicht an die vorgegebenen Rahmenbedingungen der Internetnutzung halten?

11) Ist es ihren Mitarbeitern erlaubt die vom Arbeitgeber zur Verfügung gestellten technischen Einrichtungen für private Zwecke zu nutzen?

12) Gibt oder gab es in ihrem Unternehmen Probleme mit dem surfen im Internet bzw. in sozialen Netzwerken?

13) Ist die private Internetnutzung in ihrem Unternehmen in Arbeitsverträgen, Betriebsvereinbarungen oder Weisungen geregelt?

III. Flexibilisierung der Arbeitswelt

14) Existieren in ihrem Unternehmen Formen der Telearbeit (elektronische Heimarbeit) oder arbeiten ArbeitnehmerInnen ausschließlich an ihrem vorgegebenen Arbeitsplatz und zu fixen Arbeitszeiten?

15) Bestehen in ihrem Unternehmen Formen der Vertrauensarbeitszeit oder All-in-Verträge?

16) Wie hoch ist in ihrem Unternehmen zirka der Anteil an Teilzeitbeschäftigten?

17) Gibt es in ihrem Unternehmen Maßnahmen zur betrieblichen Gesundheitsförderung?

18) Sind typisch psychisch bedingte Krankheitsfälle, wie beispielsweise das Burnout-Syndrom, in ihrem Unternehmen in den letzten Jahren ansteigend?

5.3.2. Aufzeichnung des Interviews

Persönliche Interviews werden entweder mit Hilfe eines mitlaufenden Tonbandes aufgezeichnet oder mittels handschriftlicher Notizen dokumentiert. Bei dieser Untersuchung wurde die Methode der digitalen Tonbandaufzeichnung gewählt, da die anschließende Transkription eine lückenlose Erfassung ermöglicht und somit die Gefahr eines Informationsverlustes, welche bei einem Gedächtnisprotokoll nicht auszuschließen ist, vermieden wird. Darüber hinaus ermöglicht diese Variante dem Interviewer eine bessere Fokussierung auf das geführte Gespräch, da sich dieser ausschließlich darauf konzentrieren kann und nicht mit der Aufzeichnung des Interviews beschäftigt ist.

Diese Vorgangsweise wurde den Interviewpartnern, welche sich damit einverstanden erklärten, im Vorhinein mitgeteilt. Zusätzlich wurden während des persönlichen Interviews handschriftliche Notizen gemacht um den Gesamteindruck besser einzufangen.

5.4. Zusammenfassung der Interviews

Dieser Teil wird die gesammelten Ergebnisse der einzelnen Interviews darstellen und ist dazu inhaltlich in die drei verschiednen Bereiche: Social Media im Unternehmen, rechtliche Betrachtung und Flexibilisierung der Arbeitswelt untergliedert. Zu Beginn wird ein grober Überblick über die Eckdaten der einzelnen Unternehmen gegeben. Am Schluss werden die wichtigsten Erkenntnisse der jeweiligen Interviews kurz zusammengefasst.

5.4.1. Oberbank- 3 Banken Gruppe

Datum:	16.08.2012
Branche:	Bankenwesen
Mitarbeiter im Unternehmen:	ca. 1400
Interviewpartner:	Pischinger Wolfgang
Funktion:	Betriebsratsvorsitzender
Adresse:	Untere Donaulände 28, 4020 Linz

I. Das Unternehmen

Die Oberbank beschäftigt in Österreich etwa 2000 Mitarbeiter, wobei davon zirka 1400 im Kernland Oberösterreich tätig sind. Die einzelnen Bankfilialen sind dabei in einem Geschäftsbereich zusammengelegt. Am Standort Linz, welcher in 2 Kopfbereiche unterteilt ist, arbeiten etwa 1100 Personen.

II. Social Media im Unternehmen

Auf der Internetstartseite der Oberbank findet sich keine Social Media Anwendungen oder Links. Einziges Angebot besteht in der Möglichkeit RSS- Feeds zu abonnieren um auf diesem Weg über aktuelle Neuigkeiten in den Bereichen Privatkunden, Wertpapiere, Firmenkunden, Presse & PR, Veranstaltungen oder Karriere informiert zu werden.[132]

Es besteht auch kein eigener Videokanal auf YouTube, noch werden Jobangebote auf Xing oder LinkedIn veröffentlicht. Im sozialen Netzwerk Facebook findet sich zwar eine offizielle Fanpage der Oberbank, diese bietet aber weder die Möglichkeit eines Informationsaustauschs mittels einem Diskussionsforum, noch werden aktuelle Informationen oder Veranstaltungen präsentiert. Lediglich die historische Entwicklung der Oberbank wird kurz wiedergegeben.[133]

---

[132]Vgl. Oberbank – 3 Banken Gruppe (2012). URL: http://www.oberbank.at/OBK_webp/OBK/oberbank_at/index.jsp (dl: 17.08.2012).
[133]Vgl. Oberbank – 3 Banken Gruppe, Facebook (2012). URL: http://www.facebook.com/pages/Oberbank/108482319175645 (dl: 17.08.2012).

Die Oberbank nützt zum Daten- und Informationsaustausch hauptsächlich das eigene Intranet und E-Mails. Die Bewerbung offener Stellen findet über eine unternehmensinterne Jobbörse im Intranet statt. Des Weiteren ist es kein Anspruch der Oberbank im Bereich Social Media eine Marktführung anzustreben, da sich solche Plattformen im Laufe der Zeit noch verändern können und somit die Notwendigkeit auf diesen präsent zu sein nicht unbedingt notwendig ist.

Prinzipiell ist für die Betreuung von Social Media Anwendungen die Abteilung Medien zuständig, welche gemeinsam mit der Rechts- und der Veranstaltungsabteilung im Vorstandssekretariat angesiedelt ist. Grundsätzlich spielen in diesem Unternehmen die modernen Kommunikationstechniken, wie die Social Media Anwendungen keine große Rolle.

Im Bereich des Recruiting wird abgesehen von der Jobbörse im Intranet auch auf Inserate, Einschaltungen und Headhunter gesetzt. Social Media Plattformen wie Xing oder LinkedIn finden hier keine Anwendung. Darüber hinaus kann davon ausgegangen werden, dass die meisten Personalabteilungen, wie auch in diesem Unternehmen, Plattformen wie Facebook, Xing etc. nutzen um sich über Jobbewerber zusätzlich zu informieren.

III. Rechtliche Betrachtung

Mitarbeitern der Oberbank ist die private Nutzung von Social Media Anwendungen durchaus gestattet, jedoch dürfen diese nicht in Verbindung mit ihren Banktätigkeiten gebracht werden. Der Zugang zu Facebook ist im Unternehmen gesperrt, weshalb auch keine Richtlinien diesbezüglich notwendig sind.

Grundsätzlich ist die Internetnutzung weder in der Betriebsvereinbarung noch im Arbeitsvertrag geregelt. Dahingehend wird zurzeit gearbeitet. Bezüglich privater E-Mailnutzung sind ebenfalls keine Regeln vorhanden. Es wird aber darauf geachtet, dass sowohl die Nutzung durch Arbeitgeber und Arbeitnehmern ein gewisses Augenmaß nicht überschreitet, denn es sollte nicht alles verboten oder überstrapaziert werden. Heikel wird es nur, wenn durch den E-Mailverkehr mit externen Personen die Kapazitäten ausgeschöpft werden oder die Inhalte problematisch sind. Um einen derartigen Missbrauch vorzubeugen wird laufend eine Rangreihung erstellt. In dieser werden die ersten Hundert Mitarbeiter, welche die meisten Kapazitäten verbrauchen aufgelistet. Diese Art der Kontrolle bedingt das Mitwirken und die Bejahung des Betriebsrates. In den meisten Fällen handelt es sich aber um dienstlich relevante Aktivitäten.

IV. Flexibilisierung der Arbeitswelt

Allgemein wird in diesem Unternehmen eine Gleitzeit ohne festgesetzte Rahmenzeiten praktiziert. Das bedeutet, dass Mitarbeiter jederzeit nach Absprache mit dem jeweiligen Vorgesetzten die Gleitzeit in Anspruch nehmen können. Die Arbeitsform Telearbeit ist grundsätzlich möglich wird jedoch nur bei Mitarbeitern eingesetzt, wo diese einen Sinn ergibt. Ausschließliche Heimarbeit wird hingegen auf Grund des möglichen Verlustes sozialer Kontakte abgelehnt.

Flexible Formen wie die Vertrauensarbeitszeit kommen nicht zur Anwendung. Dies gilt nicht für Vorstände, die überhaupt keiner Zeitschreibung unterliegen. Im Gegensatz zur Vertrauensarbeitszeit gibt es in geringem Ausmaß All-in- Verträge. Ungefähr 50 bis 100 Mitarbeiter von 1400 unterliegen solch einer Vertragsart, welche alle zusätzlichen Leistungen sowie Über- bzw. Mehrstunden bereits inkludiert.

Der Anteil an Teilzeitbeschäftigten ist in den letzten Jahren auf Grund der Option auf Elternteilzeit kontinuierlich gestiegen. Diese Möglichkeit wird in hohem Maße genützt und bedeutet sogleich für das Personalmanagement eine große Herausforderung. Der Anteil von teilzeitbeschäftigten Mitarbeitern beträgt in der Oberbank zirka 25 Prozent, wobei der Anteil weiblicher Personen größer ist.

Im Bereich der betrieblichen Gesundheitsförderung werden sportliche Aktivitäten wie Tennis oder Badminton gefördert und Ferienhäuser zur Verfügung gestellt. Neben der Einführung des „Tag des Apfel" wurde auch die Aktie Gesundheit ins Leben gerufen. Dabei haben Mitarbeiter die Möglichkeit einen gesundheitlichen Erstcheck zu machen und einen Gesundheitspass zu beantragen, welcher auch Bewegungs- und Ernährungstipps beinhaltet. Die Finanzierung erfolgt jeweils zu einem Drittel durch den Betriebsrat, die Bank und den Mitarbeiter.

Für Mitarbeiter, welche am Burnout- Syndrom erkranken oder Opfer eines Banküberfalles geworden sind, besteht die mündliche Vereinbarung zwischen dem Betriebsrat und der

Personalabteilung, dass das Unternehmen für die ersten zehn Sitzungen einer psychologischen Behandlung aufkommt. Psychische Krankheitsfälle, wie das Burnout- Syndrom, spielen auch in diesem Unternehmen auf Grund der sich veränderten und schneller werdenden Arbeitswelt eine immer größere Rolle.

5.4.2. Raiffeisen Landesbank Oberösterreich

Datum:	03.08.2012
Branche:	Bankenwesen
Mitarbeiter im Unternehmen:	ca. 7000 (inklusive Tochterunternehmen)
Interviewpartner:	Feilmair Helmut
Funktion:	Betriebsratsvorsitzender
Adresse:	Europaplatz 1a, 4020 Linz

I. Das Unternehmen

Die Raiffeisen Landesbank ist von den einzelnen Raiffeisenkassen zu trennen. Das bedeutet, dass jede Raiffeisenkasse zwar im Verbund zusammen gehört, jedoch ein eigenes Institut bildet und somit auch selbständig ist. In Oberösterreich sind in diesem Verbund zirka 7000 Mitarbeiter beschäftigt. In der Verbundzentrale am Europaplatz arbeiten etwa 800 Beschäftigte bei der Landesbank und zirka 3200 Mitarbeiter bei Tochterbetrieben.

II. Social Media im Unternehmen

Im Bereich Social Media ist auf der Internetstartseite der Raiffeisen Landesbank Oberösterreich ein zentral positionierter und gut ersichtlicher Link „Social Media" angeführt. Dabei verfügen in dem sozialen Netzwerk Facebook die Raiffeisen Landesbank und der Raiffeisen Jugendclub über eine eigene Fanpage. Die einzelnen Raiffeisenkassen besitzen keine eigene Facebook - Fanpage. Die Fanpage der Raiffeisen Landesbank wirbt mit ihrem Facebookauftritt für aktuelle Aktionen und Veranstaltungen. Sie bietet eine Bankenstellensuche an und stellt Verhaltensrichtlinien für ihr Diskussionsforum in Form einer Netiquette bereit. Darüber hinaus bietet die Landesbank mit dem Podcast „Raiffeisen- Börsenews" ihren Kunden ein spezielles Service an. Hierbei können Nutzer mit Hilfe eines RSS-

Readers aktuelle und vergangene Beiträge über das europäische Börsegeschehen verfolgen.[134]

Die Facebook - Fanpage des Raiffeisen Jugendclubs stellt neben Veranstaltungen, Gewinnspielen und dem Diskussionsforum auch Fotos in das soziale Netzwerk. Der Raiffeisen Jugendclub Oberösterreich nutzt außerdem auch den Nachrichtendienst Twitter.[135]

Sowohl die oberösterreichische Raiffeisen Landesbank als auch der Raiffeisen Jugendclub bieten einen eigenen YouTube Channel an. Dabei stehen insgesamt an die hundert Videos zur Verfügung, welche für registrierte Nutzer auch die Möglichkeit bietet Kommentare abzugeben.[136]

Für interne Kommunikationswege als auch zur Archivierung von Daten werden ausschließlich das eigene Intranet und E- Mails genutzt. Verwendung von sozialen Medien findet beispielsweise über die Plattform Xing statt. Diese wird hauptsächlich zum inserieren von offenen Stellen eingesetzt. Punktuell werden aber auch die Profile von Jobwerbern auf den Plattformen YouTube und Facebook eingesehen.

III. Rechtliche Betrachtung

Der Zugriff auf soziale Netzwerke und private E-Mailkonten ist in der Raiffeisen Landesbank gesperrt und in der Betriebsvereinbarung geregelt. Hauptgrund dafür ist, dass die Kunden der Bank nichts Negatives über das Institut lesen sollen und überdies bei der Nutzung von sozialen Medien viel Arbeitszeit verloren geht. Lediglich die einzelnen Abteilungen, welche mit den sozialen Netzwerken arbeiten, wie der Jugendclub und die Marketingabteilung haben einen Zugriff darauf.

Private E-Mails dürfen ausschließlich über die berufliche E-Mailadresse versendet werden, müssen jedoch als „Privat" gekennzeichnet werden. Diese werden getrennt von den beruflichen E-Mails gespeichert um den Schutz der Privatsphäre einzuhalten.

---

[134]Vgl. Raiffeisen Bankengruppe Oberösterreich, Social Media (2012). URL: http://www.raiffeisen.at/eBusiness/rai_template1/1006620717681-785779755780948658-785779755780948658-NA-2-NA.html (dl: 09.08.2012).
[135]Vgl. Raiffeisenclub OÖ, Facebook (2012). URL: http://www.facebook.com/rclubooe (dl: 09.08.2012).
[136]Vgl. Raiffeisenclub OÖ, YouTube (2012). URL: http://www.youtube.com/user/DerClubEffekt (dl: 13.08.2012).

IV. Flexibilisierung der Arbeitswelt

Mitarbeiter in Führungspositionen und in höheren Managementebenen sind in diesem Unternehmen an „All-in-Verträge" gebunden. Das hat zur Folge, dass zirka 100 bis 150 Mitarbeiter von insgesamt 800 mit einem fixen Gehalt entlohnt werden. Auf Grund moderner Kommunikationstechniken ist es heute leichter 24 Stunden am Tag erreichbar zu sein. Die restlichen Mitarbeiter befinden sich in einer Art Gleitzeitregelung, was bedeutet, dass sich diese zu bestimmten Rahmenarbeitszeiten am Arbeitsplatz aufhalten müssen. Die restliche Arbeitszeit kann jedoch nach Absprache mit der Abteilung flexibel eingeteilt werden. Dabei muss beachtet werden, dass die jeweilige Abteilung funktionsfähig bleibt. Eine komplett freie Vertrauensarbeitszeit findet in diesem Unternehmen keine Anwendung, da eine Verschlechterung des Arbeitsklimas befürchtet wird.

Auch hat sich in diesem Unternehmen das Modell der Telearbeit nicht durchgesetzt. Diese wurde zwar vor einigen Jahren probeweise eingeführt hat sich jedoch nicht durchgesetzt und findet somit aktuell keine Anwendung mehr. Hauptverantwortlich für die Abschaffung der Telearbeit ist die Datensicherheit, da im Bankenwesen mit heiklen und sehr vertraulichen Daten gearbeitet wird, welche sowohl bei der Übertragung mittels externen Leitungen oder der Aufzeichnung auf Bändern gefährdet wären.

Darüber hinaus zeigte sich, dass die Telearbeit zu einem erhöhten Konkurrenzdruck innerhalb der Mitarbeiter führte und somit das soziale Gebilde im Unternehmen und das Arbeitsklima beeinträchtigt wurde. Als positiv kann jedoch angeführt werden, dass diese Arbeitsform Mitarbeitern, welche vermehrt familiären Verpflichtungen nachgehen müssen, die flexiblere Zeitgestaltung zugute kommt. Der Anteil Teilzeitbeschäftigter liegt in diesem Unternehmen zwischen 12 und 13 Prozent und ist überwiegend weiblich.

Der Raiffeisenlandesbank Oberösterreich ist es ein großes Anliegen, dass es allen Mitarbeitern rundum gut geht. Zu diesem Zweck wurde das Gesundheitsprojekt „vita" ins Leben gerufen. Dabei geht es nicht nur im die Ergonomie am Arbeitsplatz, sondern auch um die Familiensituation und die Kindererziehung der Mitarbeiter. Das Unternehmen bietet dafür einen eigenen Kindergarten mit Krabbelstube an, welcher auch im Sommer geöffnet hat und zweisprachig geführt wird. Grundlegender Gedanke ist, dass Mitarbeiter so gut wie möglich unterstützt werden sollen, damit diese auch die notwendige Kraft zum Arbeiten aufbringen.

Bei psychischbedingten Krankheiten, wie beispielsweise dem Burnout- Syndrom, ist ein kontinuierlicher Anstieg zu verzeichnen. Dies sei aber auf die generelle Entwicklung der Gesellschaft und nicht nur auf die Arbeit sondern auch auf das familiäre Umfeld zurückzuführen.

5.4.3. BAWAG – PSK

Datum:	22.08.2012
Branche:	Bankenwesen
Mitarbeiter im Unternehmen:	ca. 300
Interviewpartner:	Pröll Beatrix
Funktion:	Betriebsratsvorsitzende
Adresse:	Buchnerplatz 1, 4020 Linz

I. Das Unternehmen

Die BAWAG – PSK beschäftigt in Österreich etwa 4000 Mitarbeiter, wobei davon ungefähr 300 in Oberösterreich arbeiten. Gesteuert wird dieses Unternehmen durch die Zentrale in Wien. Darüber hinaus bot dieses Institut mit der Einführung der „easybank" die erste reine Telefonbank in Österreich an.

II. Social Media im Unternehmen

Dieses Unternehmen bietet im Bereich Social Media eine breite Palette an Möglichkeiten an. Wenn diese modernen Kommunikationstechniken von der Internetstartseite, www.bawagpsk.com, aus geöffnet werden sollen besteht in der Kategorie „Kontakt" ein eigener Social Media Link am unteren Ende der Homepage.

Auf der Facebook - Fanpage der BAWAG – PSK werden neben einem Diskussionsforum und Fotos von diversen Veranstaltungen auch aktuelle Informationen und Neuigkeiten präsentiert. Darüber hinaus besteht die Möglichkeit sich über Produkte zu informieren, an Gewinnspielen teilzunehmen und Werbevideos zu betrachten. Eine weitere Besonderheit ist, dass über die Facebook - Fanpage eine eigene Jobbörse zur Verfügung gestellt wird. Zusätzlich werden noch zwei Jugend Facebook - Fanpages geführt. Neben Facebook wird auch auf der Mediasharing Plattform YouTube ein eigener Kanal zur Verfügung gestellt. Dieser bietet mit insgesamt über 30 verfügbaren Videos den Nutzern einen Überblick über vergangene Veranstaltungen und aktuelle Werbeaktionen. Des Weiteren wird ein elektronischer Newsletter, welcher über E-Mail verschickt wird zu den Themenbereichen Banknews, Börsenmonitor und Market & Fund News angeboten.[137]

Aktuell wird mit der Facebook Filialoffensive „FILO" den Vertriebsmitarbeitern und den einzelnen Bankstellen, welche auch in Postämter inkludiert sind eine Plattform zur Verfügung gestellt. Diese schafft den Filialleitern und Mitarbeitern die Möglichkeit sich über Neuigkeiten auszutauschen. Eine eigene Plattform der Betriebsräte ermöglicht es den Mitarbeitern aktuelle Informationen abzurufen und bestimmte arbeitsrelevante Themen zu diskutieren. Vorraussetzung um diese beiden Plattformen zu nutzen ist eine Freundschaftsanfrage über Facebook zu verschicken. Diese wird im Zentralbetriebsratsbüro in Wien geprüft um zu gewährleisten, dass ausschließlich aktive Mitarbeiter diese Dienste nutzen und kein Missbrauch durch externe Personen geschieht. Grundsätzlich ist es in diesem Unternehmen gewünscht, dass sich Mitarbeiter aktiv auf der Social Media Plattform Facebook einbinden. Dies wird von den Mitarbeitern auch sehr positiv aufgenommen.

Zuständig für den Social Media Auftritt ist, abgesehen von der aktiven Mitwirkung der einzelnen Mitarbeiter, die interne Kommunikationsabteilung in Wien. Die Facebook Plattform für Betriebräte wird von zwei Mitarbeitern, welche dem Betriebsrat angehören, betreut.

---

[137]Vgl. BAWAG – PSK, Social Media (2012). URL:
http://www.bawagpsk.com/BAWAG/PK/SK/Social_Media/ (dl: 23.08.2012).

III. Rechtliche Betrachtung

Der aktive Umgang mit sozialen Netzwerken hat zur Folge, dass in diesem Unternehmen der Zugriff auf Facebook gestattet ist. Diesbezüglich existiert für die Internetnutzung eine eigene Betriebsvereinbarung und für den Umgang mit den sozialen Medien eigene Richtlinien. Die Versendung privater E-Mails ist ausschließlich über die unternehmenseigene E-Mailadresse gestattet. Diese werden nicht gesondert gekennzeichnet.

Bei der Kontrolle der Internetnutzung durch technische Arbeitsmittel besteht keine personenbezogene Auswertung, sondern eine Gruppenauswertung. Dabei muss eine Gruppe aus mindestens fünf Mitarbeitern bestehen. Werden in einer Gruppe besonders hohe Internetkapazitäten verbraucht, wird zuerst der zuständige Gruppenleiter beauftragt die Mitarbeiter darauf aufmerksam zu machen. Treten trotzdem keine Verbesserungen auf, wird mit der Zustimmung des Betriebsrates und unter dessen Beisein der verantwortliche Mitarbeiter ausfindig gemacht.

IV. Flexibilisierung der Arbeitswelt

Bei der BAWAG – PSK besteht für Mitarbeiter die Möglichkeit, wenn diese beispielsweise privaten Verpflichtungen wie der Pflege von Angehörigen nachgehen müssen, Telearbeit in Anspruch zu nehmen. Dabei ist es den Mitarbeitern möglich drei Tag am Arbeitsplatz zu arbeiten und die restlichen beiden Tage zu Hause. Die flexible Form der Telearbeit ist darüber hinaus in einer eigenen Betriebsvereinbarung geregelt.

Im Gegensatz dazu besteht in diesem Unternehmen keine Vertrauensarbeitszeit. Die Arbeitszeiten sind in die Rahmenarbeitszeit und die Kernarbeitszeit unterteilt, wobei die Kernarbeitszeit den Öffnungszeiten entspricht. Jedoch sind All-in-Verträge bei diesem Bankinstitut weit verbreitet und nicht nur auf die höheren Managementebenen beschränkt. Die Tendenz geht dahin, möglichst alle Mitarbeiter in einen All-in-Vertrag unterzubringen. Je nach Abteilung und Aufgabengebiet werden die Mitarbeiter mit unterschiedlich hohen All-in-Verträgen ausgestattet. Die Teilzeitquote beträgt flächendeckend etwa zehn Prozent.

Das Thema betriebliche Gesundheitsförderung spielt in diesem Unternehmen eine große Rolle. Dabei wird vorzugsweise auf Früherkennung und Prävention von Krankheiten gesetzt. Maßnahmen dafür sind beispielsweise die zur Verfügung gestellten Gymnastikräume, Grippe- und Zeckenimpfungen, Brustkrebsvorsorge, Walkingrunden, Sehtests und Gesundheitsvorträge. Des Weiteren ist das Unternehmen beim arbeitsmedizinischen Dienst, welcher einmal pro Jahr eine Arbeitsplatzevaluierung durchführt und einen eigenen Betriebsarzt zur Verfügung stellt. Psychologische Krankheitsfälle, wie das Burnout-Syndrom, werden sehr ernst genommen. Diesbezüglich finden Früherkennungsmaßnahmen statt und beim Eintritt einer solchen Krankheit werden auch die Behandlungskosten von psychologischen Sitzungen übernommen.

5.5. Auswertung und Interpretation der Ergebnisse

Die empirische Untersuchung im Bankenbereich wurde in drei Themengebieten Social Media in den Unternehmen, rechtliche Betrachtung und Flexibilisierung der Arbeitswelt untergliedert. Dabei konnten sowohl deutliche Unterschiede in der praktischen Umsetzung als auch in den Einstellungen und Motiven gegenüber diesen Themengebieten festgestellt werden.

I. Social Media in den Unternehmen

Schon auf den Webseiten der einzelnen Unternehmen lassen sich die ersten Unterschiede ausmachen. Dabei bietet die Raiffeisenlandesbank auf der Startseite einen gut ersichtlichen und zentral positionierten Link „Social Media" an. Ein solcher Link findet sich auch auf der Homepage der BAWAG-PSK, wenn auch nicht auf der Startseite. Im Gegensatz dazu bietet die Oberbank keinerlei Social Media Links oder Hinweise an.

Die folgende Tabelle soll einen Überblick über die benutzten Web 2.0 Anwendungen der Untersuchungseinheiten bieten:

Tabelle 7: Social Media Einsatz in den Untersuchungseinheiten

	Facebook	YouTube	Xing	LinkedIn	Twitter	RSS- Feeds
Oberbank	Ja	Nein	Nein	Nein	Nein	Ja
Raiffeisen	Ja	Ja	Ja	Nein	Teilweise	Ja
BAWAG-PSK	Ja	Ja	Nein	Nein	Nein	Nein

Übereinstimmungen können lediglich beim sozialen Netzwerk Facebook, welche alle drei Banken nutzen, und bei LinkedIn verzeichnet werden, welches von keinem der drei Unternehmen für geschäftliche Zwecke verwendet wird. Die Raiffeisenlandesbank ist auf insgesamt vier Social Media Plattformen aktiv und bietet darüber hinaus noch über ihren Jugendclub Kurznachrichten via Twitter an. Im Gegensatz dazu bieten sowohl die Oberbank als auch die BAWAG-PSK nur zwei Web 2.0 Anwendungen an. Während die Oberbank RSS- Feeds nutzt um über aktuelle Neuigkeiten zu berichten, bietet die BAWAG-PSK einen eigenen Kanal auf YouTube an.

Als einziges Unternehmen veröffentlicht die Raiffeisenlandesbank Jobausschreibungen über das soziale Netzwerk Xing. Die BAWAG-PSK hingegen nützt ihre Facebook - Fanpage um dort offene Stellen auszuschreiben. Im Gegensatz dazu bietet die Oberbank lediglich eine Jobbörse im unternehmensinternen Intranet an. Zur zusätzlichen Informationsgewinnung über potentielle Jobbewerber bedienen sich alle drei Unternehmen sozialen Netzwerken wie Facebook und Xing.

Nachdem die verschiedenen Social Media Angebote noch wenig über deren aktive Nutzung aussagen, soll folgende Tabelle mit Hilfe der Anzahl der „Gefällt mir" Angaben von Facebook, darüber Aufschluss geben:

Tabelle 8: "Gefällt mir" Angaben der Untersuchungseinheiten[138]

	Oberbank	Raiffeisen	Raiffeisen Jugendclub	BAWAG-PSK	BAWAG-PSK Jugendclub
„Gefällt mir"-Angaben	243	1.183	25.335	26.909	65.518

Wie in dieser Tabelle gut ersichtlich ist, bieten zwar alle drei Banken eine eigene Facebook - Fanpage an, jedoch weisen diese hinsichtlich der aktiven Nutzung große Unterschiede auf. Insgesamt verzeichnet die BAWAG-PSK auf der Plattform Facebook mehr als 7 mal so viele Fans wie die Raiffeisenlandesbank inklusive Jugendclub und fast 400 mal mehr als die Oberbank. Anhand dieser Zahlen lässt sich erkennen, dass die BAWAG-PSK und ihr Jugendclub eine sehr aktive und erfolgreiche Social Media Politik führen, was auf den Wunsch der Unternehmensleitung, dass alle Mitarbeiter auf Facebook eingebunden werden sollen, zurückzuführen ist.

II. Rechtliche Betrachtung

Der Zugriff für Mitarbeiter auf soziale Netzwerke ist sowohl bei der Oberbank, als auch bei der Raiffeisenbank gesperrt. Die BAWAG-PSK hingegen erlaubt den Zugriff und hat dafür eigens für die Mitarbeiter Social Media Richtlinien herausgebracht. In den anderen beiden Bankinstituten bestehen keine derartigen Richtlinien, da Mitarbeiter auf den Social Media Plattformen auch nicht mit dem Unternehmen in Verbindung gebracht werden sollen.

Betriebsvereinbarungen bezüglich der Internetnutzung am Arbeitsplatz existieren im Gegensatz zur Oberbank, wo keine vorhanden ist, in der BAWAG-PSK und der Raiffeisenlandesbank. Private E-Mailnutzung ist in allen drei Unternehmen in einem bestimmten Ausmaß erlaubt, jedoch nur über die Arbeitsmailadresse möglich.

---

[138] Eigene Darstellung. Quelle: https://www.facebook.com/ (dl: 02.09.2012).

Darüber hinaus sind große Unterschiede bei der Mitarbeiterkontrolle festzustellen. Bei der Raiffeisenlandesbank müssen, um den Schutz der Privatsphäre gerecht zu werden, private E-Mails als solche gekennzeichnet werden. In der Oberbank wird, mit Zustimmung durch den Betriebsrat, laufend eine Reihung von den Mitarbeitern vorgenommen, welche die meisten Kapazitäten im Internet verbrauchen. Im Gegensatz dazu findet in der BAWAG-PSK in erster Linie keine personenbezogene Auswertung statt sondern eine Gruppenauswertung. Verbraucht eine Gruppe besonders viele Kapazitäten wird zu erst der Gruppenleiter informiert. Tritt danach trotzdem keine Verbesserung ein wird mit Zustimmung des Betriebsrates, der verantwortliche Mitarbeiter ausfindig gemacht.

III. Flexibilisierung der Arbeitswelt

Flexible Beschäftigungsformen wie die Gleitzeit werden in der Oberbank und der Raiffeisenlandesbank angeboten, nicht hingegen in der BAWAG-PSK. Dieses Institut sowie auch die Oberbank bieten darüber hinaus ihren Mitarbeitern, bei Bedarf und in einem bestimmten Ausmaß, Telearbeit an. Bei der Raiffeisenlandesbank hat sich das Modell der Telearbeit nicht durchgesetzt, weil befürchtet wird, dass dadurch die Datensicherheit und das Arbeitsklima gefährdet sind.

Gemeinsamkeit besteht jedoch in der Anwendung von All-in-Verträgen, wenn auch in unterschiedlich starker Verbreitung. Diese Vertragsart, welche Überstunden pauschal inkludiert, beschränkt sich bei der Oberbank und bei der Raiffeisenlandesbank auf Mitarbeiter in Führungspositionen und auf höhere Managementebenen. Im Gegensatz dazu sind bei der BAWAG-PSK All-in-Verträge nicht nur auf höheren Managementebenen angesiedelt sondern auf allen Mitarbeiterebenen, wobei versucht wird alle Mitarbeiter in ein derartiges Arbeitsverhältnis aufzunehmen. Nicht durchgesetzt hat sich bei allen drei Banken die Vertrauensarbeitszeit, da bei dieser ähnlich wie bei der Telearbeit, befürchtet wird, dass das soziale Gebilde im Unternehmen darunter leiden könnte.

Der Anteil von Teilzeitbeschäftigten ist in allen untersuchten Banken in den letzten Jahren kontinuierlich gestiegen. Grund dafür ist die Option auf Elternteilzeit der Mitarbeiter. Beträgt der Anteil teilzeitbeschäftigter Mitarbeiter bei der Oberbank rund 25 Prozent und bei der Raiffeisenlandesbank zirka 12 Prozent, so liegt die Quote bei der BAWAG-PSK bei etwa 10 Prozent. Die Mehrheit der Teilzeitbeschäftigten ist in allen drei Unternehmen weiblich.

Im Bereich der betrieblichen Gesundheitsförderung wird in den drei Bankinstituten viel unternommen. Gefördert werden bei allen untersuchten Unternehmen sportliche Aktivitäten, wie beispielsweise Tennis, Walking oder Badminton. Besonderheiten bestehen bei der Raiffeisenlandesbank, welche einen eigenen Kindergarten mit Krabbelstube anbietet und bei der BAWAG-PSK, welche durch den arbeitsmedizinischen Dienst jährlich eine Evaluierung der Arbeitsplätze vornimmt. Für psychischbedingte Krankheitsfälle, wie dem Burnout- Syndrom werden in jedem Unternehmen die Kosten für eine psychologische Behandlung übernommen. Des Weiteren besteht in den drei Banken die Möglichkeit Seminare und Vorträge zum Thema Gesundheit zu besuchen.

6. Schlussbetrachtung

Moderne Kommunikationstechniken und Web 2.0 Plattformen wie Facebook, Xing, YouTube, etc. sind zu einem festen Bestandteil der modernen Informations- und Wissensgesellschaft avanciert und sind daher weder heute noch in Zukunft aus dem privaten und beruflichen Alltag wegzudenken. Gerade deshalb ist es für Unternehmen und ArbeitnehmerInnen unumgänglich sich mit dieser Thematik auseinander zu setzen um Strategien und Umgang mit diesen Medien zu entwickeln.

Für Unternehmen ist ein offener und aktiver Umgang mit Social Media Plattformen unbedingt zu empfehlen. Moderne Kommunikationstechniken im speziellen Web 2.0 Anwendungen werden in Zukunft eine noch größere Rolle spielen und einer ständigen Weiterentwicklung unterliegen. Die Erstellung und Einführung von Social Media Richtlinien ist daher dringend anzuraten, da diese sowohl den Arbeitnehmern als auch den Arbeitgebern einen professionellen Umgang mit Web 2.0 Anwendungen anbieten und gleichzeitig auch beidseitige Grenzen klar definieren. Somit kann einem eventuellen Missbrauch vorgebeugt werden. Arbeitgebern sollte bewusst sein, dass ein Verbot der Web 2.0 Dienste auf arbeitstechnischen Betriebsmittel dazu führt, dass ArbeitnehmerInnen vermehrt das private Mobiltelefon verwenden um diese Anwendungen aufzurufen. Dies hat unweigerlich zur Folge, dass mehr Arbeitszeit darauf verwendet wird, als wie wenn dies erlaubt wäre. Arbeitsrechtlich wertvoll ist neben der Einführung einer Social Media Richtlinie, bezüglich der Kontrolle von Mitarbeitern, die Implementierung einer Betriebsvereinbarung zur Internetnutzung anzuraten.

Für Arbeitskräfte, welche auf Jobsuche sind ist es heutzutage von entscheidender Bedeutung einen gezielten und professionellen Auftritt auf Social Media Plattformen, wie Xing, Facebook oder LinkedIn zu führen. Wie sowohl die empirische Untersuchung als auch die Literaturrecherche gezeigt haben, benützen alle Personalabteilungen der untersuchten Unternehmen diese Plattformen um sich über Jobbewerber zusätzliche Informationen einzuholen. Da diese Dienste öffentlich sind und somit nicht unter den Schutz der Privatsphäre fallen, sollten die persönlichen Profile gewissen Regeln unterliegen, um nicht aufgrund zu privater Fotos oder Einträgen von Freunden vorzeitig aus einem Bewerbungsprozess auszuscheiden.

Auch Unternehmen dürfen die Chancen und Gefahren, welche die Social Media Anwendungen mit sich bringen, nicht unterschätzen. Diese bieten nicht nur Vorteile für das Marketing, eine interne kollaborative Arbeitsweise oder zum Gewinn neuer Geschäftskontakte, sondern darüber hinaus müssen sich Unternehmen bewusst sein, dass diese mit Hilfe von Web 2.0 Diensten auch bewertet werden und so eine öffentliche Meinung entsteht. Fällt diese negativ aus, könnte dies in letzter Konsequenz dazu führen, dass qualitative Arbeitskräfte sich gar nicht erst bewerben und die Loyalität der Mitarbeiter sinkt. Betreibt ein Unternehmen hingegen eine aktive Rolle in sozialen Netzwerken wird diesen Nachteilen Einhalt geboten. Die Tatsache, dass kaum ein Unternehmen eigene Social Media Beauftrage hat, lässt darauf schließen, dass sich die meisten Unternehmen mit den Möglichkeiten der modernen Kommunikationstechniken noch nicht auseinander gesetzt haben oder diese unterschätzen. Langfristig gesehen müssen sich Unternehmen mit dieser Thematik unausweichlich beschäftigen, da junge und zukünftige Generationen von ArbeitnehmerInnen mit diesen Medien bestens vertraut sind und diese in höherem Maße nutzen als ältere ArbeitnehmerInnen.

Wie die empirische Untersuchung und Statistiken belegen wird die Arbeitswelt zunehmend flexibler. Die steigende Zahl von Teilzeitbeschäftigten und anderen flexiblen Arbeitsformen wie der Telearbeit, All-in-Verträgen, der Vertrauensarbeitszeit oder dem Arbeitskraftunternehmer bestätigen diesen Trend. Daraus resultiert eine immer stärker wachsende Entgrenzung der Berufs- und Privatsphäre in der modernen Arbeitswelt. Aufgrund des vorhandenen Zahlenmaterials und der empirischen Erhebung, lässt sich daraus schließen, dass diese Entwicklung in den nächsten Jahren noch weiter zunimmt und an Bedeutung gewinnen wird. Basierend auf der Abnahme der Normalarbeitszeitverhältnisse und der daraus folgenden Vielfältigkeit von Arbeitsformen wird es für ArbeitnehmerInnen immer schwieriger sich kollektiv zu organisieren. Dieser Trend muss somit von den Gewerkschaften aufgegriffen werden um in Zukunft eine erfolgreiche Interessensvertretung auf breiter Basis gewährleisten zu können.

Derweil bietet die Möglichkeit zeit- und ortsunabhängig zu arbeiten den Vorteil, dass Arbeitnehmer ihren Alltag abhängig von individuellen Wünschen und Interessen selbst organisieren können. Dabei darf jedoch nicht außer Acht gelassen werden, dass diese Erweiterung der eigenen Autonomie und Selbstkontrolle zu psychischer und physischer Überlastung führen kann. Die konstant ansteigende Zahl an psychischen Krankheitsfällen, wie dem Burnout- Syndrom, in den untersuchten Unternehmen bestätigen dies. Es ist daher für alle Arbeitnehmer von Bedeutung die Gefahren und Chancen flexibler Arbeitsverhältnisse zu kennen. Anhand den persönlichen Interessen und Wünschen sollten eigene Grenzen festgelegt werden um für eine ausgewogene und zufriedenstellende Work-Life Balance zu sorgen.

Wie die empirische Erhebung zeigt, ist selbst innerhalb eines Wirtschaftsbereiches der Umgang mit Social Media Anwendungen und die Ausprägung verschiedenster Formen der flexiblen Arbeitsformen höchst unterschiedlich. Zwar sind alle untersuchten Unternehmen in sozialen Netzwerken vertreten, jedoch sind diese in enorm unterschiedlicher Weise aktiv. Darüber hinaus werden in jedem Unternehmen die Art der Mitarbeiterkontrolle und die betriebliche Gesundheitsförderung vielfältig praktiziert. Die Entwicklung der Web 2.0 Dienste wird in den kommenden Jahren mit Sicherheit weiter voranschreiten und folglich noch stärkeren Einfluss auf die Arbeitswelt ausüben. Für Arbeitnehmer und Arbeitgeber werden diese Anwendungen in der postfordistischen Arbeitswelt von wachsender Bedeutsamkeit sein und sollten deshalb nicht unterschätzt werden.

7. Literaturverzeichnis

Back, Andrea/ Gronau, Norbert/ Tochtermann, Klaus (2009): Web 2.0 in der Unternehmenspraxis. München, Oldenbourg Verlag.

Beck, Ulrich/ Lau, Christoph/ Bonß, Wolfgang (2001): Theorie reflexiver Modernisierung – Fragestellungen und Hypothesen. In: Fricke, Werner (Hrsg.): Jahrbuch Arbeit und Technik 2001/2002. Bonn, S. 265-299.

Bernhard, Claudia/ Kristoferitsch, Hans (2011): IT-Richtlinien – Rechtliche Einstufung. In: Jaksch-Ratajczak, Wojciech/ Stadler, Arthur (Hrsg.): Aktuelle Rechtsfragen der Internetnutzung. Wien, Facultas Verlag, S. 308 – 321.

Diekmann, Andreas (2010): Empirische Sozialforschung- Grundlagen, Methoden, Anwendungen. Hamburg, Rowohlt Taschenbuch Verlag.

Ebersbach, Anja/ Glaser, Markus/ Heigl, Richard (2008): Social Web. Konstanz, UVK.

Frey, Michael (2009): Autonomie und Aneignung in der Arbeit. In: Voß, Günter (Hrsg.): Arbeit und Leben im Umbruch, Band 18. Berlin, Rainer Hampp Verlag.

Gläser, Jochen/ Laudel, Grit (2010): Experteninterviews und qualitative Inhaltanalyse. Wiesbaden, Verlag für Sozialwissenschaften.

Hacket, Anne/ Janowicz, Cedric/ Kühnlein, Irene (2004): Erwerbsarbeit, bürgerliches Engagement und Eigenarbeit. In: Beck, Ulrich/ Lau, Christoph (Hrsg.) Entgrenzung und Entscheidung: Was ist neu an der Theorie reflexiver Modernisierung? Frankfurt a. Main, S. 281-306.

Hilker, Claudia (2010): Social Media für Unternehmen. Wien, Linde Verlag.

Hofert, Svenja (2010): Stellensuche und Bewerbung im Internet. Hannover, Humboldt.

Koch, Michael/ Richter, Alexander (2009): Enterprise 2.0. München, Oldenbourg Verlag.

Kruse, Marcel (2009): Vereinbarkeit von Arbeit und Leben durch betriebliche Work-Life Balance Maßnahmen. Hamburg, Diplomica Verlag.

Lamnek, Siegfried (1995): Qualitative Sozialforschung – Methoden und Techniken. Weinheim und Basel, Beltz Verlag.

Löschnigg, Günther (2003): Arbeitsrecht. Wien, ÖGB - Verlag.

Mayring, Philipp (2002): Einführung in die qualitative Sozialforschung - Eine Anleitung zu qualitativem Denken. Weinheim und Basel, Beltz Verlag.

Minssen, Heiner (2012): Arbeit in der modernen Gesellschaft. Wiesbaden, Verlag für Sozialwissenschaften.

Pongratz, Hans J./ Voß, Günter (2004): Typisch Arbeitskraft- Unternehmer? Berlin, edition sigma.

Rebhahn, Robert (2009): Mitarbeiterkontrolle am Arbeitsplatz. Wien, Facultas Verlag.

Reichwald, Ralf et al (2000): Telekooperation – Verteilte Arbeits- und Organisationsformen. München, Springer Verlag.

Sacherer, Remo (2011): Die Kontrolle der Internet- und E-Mail-Nutzung am Arbeitsplatz aus betriebsverfassungsrechtlicher Sicht. In: Jaksch-Ratajczak, Wojciech/ Stadler, Arthur (Hrsg.): Aktuelle Rechtsfragen der Internetnutzung. Wien, Facultas Verlag, S. 324 – 338.

Schmeisser, Wilhelm/ Krimphove, Dieter (2010): Internationale Personalwirtschaft und internationales Arbeitsrecht. München, Oldenbourg Verlag,

Senghaas-Knobloch, Eva (2008): Wohin driftet die Arbeitswelt? Wiesbaden, Verlag für Sozialwissenschaften.

Sichler, Ralph (2006), Autonomie in der Arbeitswelt. Göttingen, Vandenhoeck & Ruprecht GmbH & Co. KG.

Szydlik, Marc (2008). Flexibilisierung – Folgen für Arbeit und Familie. Wiesbaden, Verlag für Sozialwissenschaften.

Thiele, Sabrina (2009): Work-Life Balance zur Mitarbeiterbindung. Hamburg, Diplomica Verlag.

Von Streit, Anne (2011): Entgrenzter Alltag – Arbeiten ohne Grenzen? Bielefeld, transcript Verlag.

Weinberg, Tamar (2010): Social Media Marketing. Köln, O'Reilly Verlag.

Zarrella, Dan (2010): Das Social Media Markcting Buch. Köln, O'Reilly Verlag.

Online Quellen

BAWAG – PSK, Social Media (2012). URL: http://www.bawagpsk.com/BAWAG/PK/SK/Social_Media/ (dl: 23.08.2012).

Bundesministerium für Arbeit, Soziales und Konsumentenschutz (2011): Überblick über Arbeitsbedingungen in Österreich. URL: https://broschuerenservice.bmask.gv.at/PubAttachments/Ueberblick%20ueber%20Arbeitsbedingungen%20in%20%20Oesterreich.pdf (dl: 10.07.2012).

Deloitte Consulting GmbH (2011): Arbeitszeiten kann man regeln, Vertrauen muss man sich erarbeiten, Vertrauensarbeitszeit in der Praxis. URL: http://www.deloittehumancapital.at/wp-content/Unterlagen-Kundendialog-Vertrauensarbeitszeit.pdf (dl: 10.07.2012).

IBM (2012): IBM Social Computing Guidelines. URL: http://www.ibm.com/blogs/zz/en/guidelines.html (dl: 19.03.2012).

Marketagent.com (2011): Social Media in Unternehmen. URL: http://www.telefit.at/Social Media/Kurzversion_Ergebnisbericht_WKO_E-Day_Social_Media_J%C3%A4nner_2011_V2.pdf (dl: 28.03.2012).

Oberbank – 3 Banken Gruppe (2012). URL: http://www.oberbank.at/OBK_webp/OBK/oberbank_at/index.jsp (dl: 17.08.2012).

Oberbank – 3 Banken Gruppe, Facebook (2012). URL: http://www.facebook.com/pages/Oberbank/108482319175645 (dl: 17.08.2012).

O'Reilly, Tim (2005): What is Web 2.0? URL: http://www.oreilly.de/artikel/web20.html (dl: 08.03.3012).

Raiffeisen Bankengruppe Oberösterreich (2012), Social Media. URL: http://www.raiffeisen.at/eBusiness/rai_template1/1006620717681-785779755780948658-785779755780948658-NA-2-NA.html (dl: 09.08.2012).

Raiffeisenclub OÖ, Facebook (2012). URL: http://www.facebook.com/rclubooe (dl: 09.08.2012).

Raiffeisenclub OÖ, YouTube (2012). URL: http://www.youtube.com/user/DerClubEffekt (dl: 13.08.2012).

Social Media Radar Austria (2012): Facebook. URL: http://Social Mediaradar.at/facebook.php (dl: 18.03.2012).

Society for Management and Internet (2010): Social Media Richtlinien. URL: http://derstandard.at/1277337089776/Neue-Studie-Web-20-aendert-Arbeit-der-Fuehrungskraefte-schon-erheblich (dl: 23.03.2012).

Statistik Austria (2009): IKT- Einsatz in Unternehmen 2009. URL: http://www.statistik.at/web_de/suchergebnisse/index.html?suchquerya=Informationstechnologien&n0=1&n1=1&n2=1&n3=1&n4=1&n5=1&n7=1&n6=1 (dl: 11.07.2012).

Telekom-presse.at (2012): Jedes fünfte Unternehmen sagt Bewerbern aufgrund ihres Social Media Profils ab. URL: http://www.telekom-presse.at/Jedes_fuenfte_Unternehmen_sagt_Bewerbern_aufgrund_ihres_Social_Media_Profils_ab_Infografik_.id.19248.htm (dl: 25.08.2012).

Türk Marietta (2010): Web 2.0 ändert Arbeit der Führungskräfte schon erheblich. URL: http://derstandard.at/1277337089776/Neue-Studie-Web-20-aendert-Arbeit-der-Fuehrungskraefte-schon-erheblich (dl: 23.03.2012).

Wirtschaftskammer Österreich (2012): Social Media Guidelines für KMU. URL: http://www.telefit.at/web20/wko-Social Media-guidelines.pdf (dl: 24.03.2012).

Zeitschriften und Zeitungen

Fröhlich, Stefan (2012): Soziale Netzwerke sind längst nicht nur ein Spielplatz für die Jugend. In: Oberösterreichische Nachrichten, 03.03.2012, Linz 2012.

Habitzl, Gerhard (2010): Fischen nach attraktiven Arbeitgebern mir dem „Inter-Net". In: Arbeits- und Sozialrechtskartei,3, S. 2 – 4.

Huber, Peter (2012):. Sozialnetzwerke sind längst nicht nur ein Spielplatz für die Jugend. In: Fröhlich, Stefan (Autor): Oberösterreichische Nachrichten, 03.03.2012, Linz 2012.

Majoros, Thomas (2010): Social Networks und Arbeitsrecht. In: Ecolex,9, S. 829 – 822.

Tropper, Thomas (2009): Web 2.0: Das „Mitmach-Web" im kommunalen Fokus. In: ÖGZ, 9, S. 22– 25.

Interviews

Feilmair, Helmut am 03. August 2012. Betriebsratsvorsitzender der Raiffeisenlandesbank Oberösterreich, Linz.

Pischinger, Wolfgang am 16.08.2012. Betriebsratsvorsitzender der Oberbank, Linz.

Pröll, Beatrix am 22.08.2012. Betriebsratsvorsitzende der BAWAG – PSK, Linz.

Mag. Velebit, Drago am 13. April 2012. Rechtsberatung der Arbeiterkammer Oberösterreich, Linz.

8. Abkürzungsverzeichnis

ABGB	Allgemeines bürgerliches Gesetzbuch
Abs	Absatz
AngG	Angestelltengesetz
ArbVG	Arbeitsverfassungsgesetz
Art	Artikel
AVRAG	Arbeitsvertragsrechts-Anpassungsgesetz
AZG	Arbeitszeitgesetz
bzw.	beziehungsweise
ca.	zirka
DSG	Datenschutzgesetz
EMRK	Europäische Menschenrechtskonvention
EU	Europäische Union
etc.	et cetera
f	folgend
ff	fortfolgend
Hrsg	Herausgeber
idR	in der Regel
ÖGZ	Österreichische Gemeinde Zeitung
PR	Public Relations
S.	Seite
StGG	Staatsgrundgesetz
URL	universal resource locator
VAZ	Vertrauensarbeitszeit
Vgl.	Vergleiche
WKÖ	Wirtschaftskammer Österreich
Z	Zahl, Ziffer
z.B.	zum Beispiel